SUBORDINAÇÃO NAS
RELAÇÕES DE TRABALHO

THIAGO CHOHFI

Professor universitário em várias unidades do grupo Anhanguera Educacional, tanto na graduação como na pós-graduação. Palestrante. Exerce o magistério superior há varios anos, como especial dedicação às disciplinas ligadas ao Direito do Trabalho. Possui especialização em Direito e Processo do Trabalho (Puccamp), em Direito Constitucional (Unisul), bem como Mestrado em Direito do Trabalho pela (Unimep), sendo autor de outros livros, artigos e estudos jurídicos diversos, publicados inclusive em congressos especializados. É também advogado e sócio do Escritório Cerdeira Chohfi Advogado e Consultores Legais, sediado em Campinas e São Paulo, exercendo consultoria especializada na área trabalhista, empresarial e sindical.

SUBORDINAÇÃO NAS RELAÇÕES DE TRABALHO

Dados Internacionais de Catalogação na Publicação (CIP)
(Câmara Brasileira do Livro, SP, Brasil)

Chohfi, Thiago
  Subordinação nas relações de trabalho / Thiago Chohfi. — São Paulo : LTr, 2009.

  Bibliografia.
  ISBN 978-85-361-1429-3

  1. Direito do trabalho — Brasil 2. Relações de trabalho — Brasil 3. Subordinação (Direito) I. Título.

09-09429   CDU-34:331.1(81)

Índice para catálogo sistemático:

1. Brasil : Relações de trabalho : Subordinação : Direito do trabalho 34:331.1(81)

Produção Gráfica e Editoração Eletrônica: **RLUX**

Capa: **ELIANA C. COSTA**

Impressão: **COMETA GRÁFICA E EDITORA**

© Todos os direitos reservados

EDITORA LTDA.

Rua Apa, 165 — CEP 01201-904 — Fone (11) 3826-2788 — Fax (11) 3826-9180
São Paulo, SP — Brasil — www.ltr.com.br

LTr 4027.0   Outubro, 2009

DEDICATÓRIA

À Profª. Dra. Mirta Gladys Lerena, que desde o início acompanhou ativamente a redação e a elaboração deste trabalho, influenciando decisivamente no pensamento delineado.

AGRADECIMENTOS

Aos meus colegas Mauro Schiavi e Lacier José de Rezende, pela confiança no tema exposto para publicação.

Aos meus irmãos Adriano Chohfi e Marcelo Chaim Chohfi, também operadores do direito; e aos meus pais, Nancy Pires Chaim e José Maria Chohfi, que muito me apoiaram nesses anos.

Ao meu sócio, Mauro Cerdeira, que cegamente vem trilhando os rumos dessa vida ao meu lado, seja nos momentos de felicidade ou de tristeza.

SUMÁRIO

Introdução 11

Capítulo I
O Conceito de Subordinação

1.1. O Direito do Trabalho 17
1.2. O conceito de subordinação nas relações de trabalho 22
1.3. A relação de trabalho 27
1.4. A evolução da subordinação nas relações de trabalho 31

Capítulo II
A Evolução do Conceito de Subordinação

2.1. Predisposição à subordinação 34
2.2. A subordinação como direito de propriedade 36
2.3. A subordinação como direito de posse 38
2.4. O início da subordinação no meio urbano 42
2.5. A subordinação ao sistema capitalista industrial 45

Capítulo III
A Subordinação no Sistema Capitalista

3.1. A subordinação na relação de trabalho pós-Revolução Industrial 51
3.2. A relação de trabalho subordinado nos "Anos Dourados" 57
3.3. A crise do trabalho subordinado típico 61
3.4. Estatísticas das atuais relações subordinadas de trabalho 67

Capítulo IV
O Atual Sistema de Trabalho Subordinado

4.1. A informalidade no atual sistema de trabalho subordinado 73
4.2. O alto custo do trabalho tipicamente subordinado 75
4.3. A excessiva interferência nas relações de emprego 80
4.4. As adequações da empresa às regras do trabalho subordinado ... 83

Capítulo V
O Futuro da Subordinação

5.1. A relativização do conceito de subordinação jurídica	86
5.2. O princípio da dignidade humana nas relações de trabalho	88
5.3. O princípio da comutatividade nas relações de trabalho	91
5.4. A proteção jurídica do trabalhador	93
Considerações finais	97
Referências bibliográficas	103

INTRODUÇÃO

Para o desenvolvimento e elaboração desta obra, foi utilizada uma bibliografia básica, ao final exposta. O tema foi abordado a partir da utilização do método dialético, confrontando argumentos, temas, conceitos e fatos históricos, visando, ao final, traçar uma fundamentação clara e objetiva de alguns institutos jurídicos, especialmente a subordinação nas relações de trabalho.

Da mesma forma, empregou-se o método histórico-comparativo, o que possibilitou uma leitura mais adequada da origem dos institutos desenvolvidos no decorrer do trabalho. Foram expostas diversas opiniões e linhas de pensamento objetivando-se a delimitação de uma forma de emprego do instituto da subordinação para aumentar a proteção jurídica do trabalhador, seja no Brasil, seja em qualquer parte do mundo.

Pretende-se, neste estudo, traçar um caminho de proteção jurídica a determinada parcela de trabalhadores ainda não contemplada pela legislação. Ocorre que o Direito do Trabalho conhecido, hoje, por nós é, na prática, o direito do emprego, já que tão somente é essa a relação protegida pelo referido ramo especializado. Cabe ressaltar que outras relações de trabalho, cuja subordinação também as afeta, necessitam de proteção, a fim de trazer a seus trabalhadores um limite relativo ao patamar mínimo aceitável em sociedade. Como consequência, haverá a garantia de uma contraprestação pelo trabalho que valha realmente, tal qual a venda da força que beneficia a outra parte. Certamente, diante de uma regulação mínima razoável, proporcional e específica, as relações de trabalho subordinadas, que não se encaixem na relação de emprego, não violarão os limites do princípio da dignidade do trabalhador.

É por isso que o instituto da subordinação, no mínimo, completa o conceito de Direito do Trabalho, senão o fundamenta. Pode-se dizer, até, que a subordinação é o próprio Direito do Trabalho; ele faz parte de sua essência, chegando a definir, inclusive, seu grau e campo de incidência. Quando verificamos o porquê da existência de um ramo específico no Direito, devemos pensar qual o seu objetivo primordial, sendo que a subordinação condiz exatamente com essa questão. Ao pensar em relação de trabalho, verificamos a existência ou não de subordinação e, se o caso, da incidência de normas específicas trabalhistas.

Afinal, se o Direito do Trabalho foi criado com o fim de amenizar a diferença de poderes que a subordinação impõe na relação de trabalho, opondo o capital ao trabalho, é essa subordinação que define seus limites, seus caminhos e sua esfera de incidência. Da mesma forma, o estudo da história da subordinação, ou do próprio Direito do Trabalho e de suas relações, mostra-nos exatamente a evolução desde os primórdios até o tempo atual, apontando inclusive a tendência futura desse conceito.

Quando surgiu o trabalho organizado no mundo, já havia uma predisposição do homem à subordinação, a qual veio se materializando com o tempo, especialmente nas relações de trabalho. Da mesma forma ocorreu durante a escravidão, no feudalismo, nas corporações de ofício e, finalmente, nos centros urbanos ao nascer o sistema capitalista.

Mas é preciso lembrar que as relações de trabalho sempre trouxeram, em seu âmago, várias faces da subordinação, sendo umas naturais e inerentes à referida relação, e outras artificiais, criadas pelo homem por meio do Direito, para regular e discriminar algumas das espécies da relação laboral. É nesse sentido que se pode verificar uma relativização da subordinação jurídica (típica da relação de emprego), tida aqui como artificial, derivada da criação humana. Isso, possivelmente, porque tal conceito é contrário aos ideais de liberdade do homem, não sendo nada natural. No entanto, também se verifica outra espécie da subordinação, genérica em relação àquela, que acarreta a dependência natural do trabalhador ao capital e, por isso, gera uma diferença de forças e, por vezes, o abuso por parte de quem tem o maior poder.

Essa última subordinação (genérica) cristaliza-se na dependência do trabalho ao capital, em regra na sua face econômica, derivada das próprias características da relação jurídica. Ao contrário, a subordinação jurídica é forjada culturalmente pela legislação e pelo direito obrigacional. É por isso que essa última é artificial e de fácil alteração; uma vez criada pelos homens, pode por estes ser alterada. Ao contrário, a subordinação natural do próprio humano e da relação organizada de trabalho gera uma característica inerente à situação, que não se altera facilmente.

Foi por isso que, com a evolução do Direito do Trabalho e as atuais características das regras de proteção respectivas, que foram também evoluindo e, em alguns países, tornaram a relação de trabalho cara e inflexível, ocorreram reações do mercado. Dentre essas destaca-se a utilização, cada vez maior, de engenharias jurídicas lícitas para criar novos sujeitos nas relações de trabalho ou, em outros casos, para aumentar a informalidade. Fugia-se, assim, da subordinação jurídica, mas não daquela naturalmente existente na relação organizada de trabalho.

Nesse sentido, os dados colhidos por diversos órgãos do governo, e também por outros estudos, demonstram claramente que há uma nítida tendência contrária à relação de emprego, que é justamente aquele lado da subordinação jurídica devidamente protegida pela legislação específica desse ramo do Direito. Com a evolução, portanto, o capital ajustou-se às suas necessidades e explicitou alguns sujeitos antes não existentes, que não estão juridicamente subordinados, mas que ainda possuem uma força diminuta se comparada a do parceiro, de quem geralmente dependem economicamente.

Portanto, percebemos que, diante da evolução do Direito do Trabalho, novos sujeitos foram criados, mas não regulados e sequer protegidos por uma legislação específica. Em função disso, desperta-se o interesse do Direito, inclusive já tendo sido regulado em alguns países, tal como ocorreu na Espanha, recentemente. A evolução do pensamento jurídico começa a perceber que o emprego não é a única forma de trabalho, tampouco a forma preponderante. Isso revela a necessidade de outra seara legislativa, que proteja as relações de trabalho que não necessariamente sejam típicas (vínculo empregatício).

Em se tratando de Brasil, certamente a situação é a mesma. Não há proteção à referida classe, que necessita de parâmetros mínimos, já que a subordinação inerente impõe a violação de direitos mínimos, transformando aquela espécie de trabalho, por vezes, em algo indigno. Ao contrário da Espanha, no Brasil não há legislação heterônoma para as demais relações que não são de emprego, propiciando uma utilização mais ampla da outra fonte do Direito do Trabalho, a autonomia coletiva privada. No entanto, seria melhor que fosse esta somada a uma legislação geral e mínima, pois, no caso do Direito do Trabalho, alcançaríamos uma melhor adequação setorial, mais justa e uniforme às características das categorias regidas.

Portanto, o estudo da subordinação no Direito do Trabalho é muito mais que o estudo exclusivo da subordinação jurídica, até hoje comumente utilizada por todos os doutrinadores e pela jurisprudência. Aliás, o estudo do tema como um todo é essencial para resgatarmos o sentido teleológico desse específico ramo do Direito, a fim de possibilitar a proteção das relações de trabalho, cuja força seja desproporcional entre as partes, mantendo-se, ao final, a dignidade do trabalhador e, por consequência, a comutatividade da relação e o justo valor das parcelas avençadas.

Começamos o trabalho com um capítulo voltado à parte teórica da subordinação, iniciando uma explicação básica sobre o Direito do Trabalho, seus fundamentos e motivos. Após, entramos no conceito de subordinação e sua relação com o Direito do Trabalho, enfatizando-se a subordinação genérica (não necessariamente a jurídica, típica da relação de emprego) para, então, começarmos a trabalhar a relação jurídica que envolve aquele que vende sua força de trabalho e, de outro lado, o que se beneficia com o trabalho prestado, que organiza e detém as ideias ou bens necessários à produção (capitalista). Posteriormente, explicamos o porquê de se analisar a história da subordinação, necessária ao estudo completo do instituto da subordinação.

Ingressando na história da subordinação (segundo capítulo), trabalhamo-la desde a evolução humana (Homem Natural e Homem Civil), demonstrando que os indivíduos são predispostos naturalmente à subordinação, passando pelo Império Romano com o sistema escravista (subordinação como direito de propriedade), sua queda e início do sistema feudal (subordinação como direito de posse), até o início do trabalho nos centros urbanos, nas corporações de ofício e, por fim, no sistema tipicamente capitalista, nascido com o advento da Revolução Industrial.

No capítulo três, ingressamos numa discussão acerca da evolução do Direito do Trabalho, percorrendo o período que se inicia com a Revolução Industrial até a década de 70, considerado o ponto auge da evolução social do ramo trabalhista. Passamos por momentos históricos importantes, tal como a crise de 1929, a criação da Organização Internacional do Trabalho e, inclusive, o período de constitucionalização do Direito Laboral, que demonstram o grau de importância alcançado por esse ramo especializado. Chega-se à evolução do Direito do Trabalho nos "Anos Dourados", fase permeada por políticas de intervenção estatal e pleno emprego, até seu clímax, quando, então, explicamos o início da crise que cerca o sistema de proteção atual do Direito do Trabalho, voltado basicamente ao vínculo de emprego.

Como conclusão, podemos verificar que pelo menos três fatores principais deram azo ao sistema atual, que claramente vem sendo rechaçado pelo empresariado, por não se adaptar à realidade do mercado. Após a década de 70, a instabilidade econômica rondava os países. Não bastasse, a globalização trouxe uma concorrência expressiva e real para todo e qualquer canto do mundo. E, por fim, com tal concorrência, o preço dos produtos baixou significativamente, acarretando a diminuição da margem de lucro e, consequentemente, provocando políticas empresariais diversas para restaurar o padrão de mais-valia até então existente, o que vem atingindo a dignidade do trabalho, pois ultrapassa limites mínimos de aceitabilidade de categorias sequer juridicamente protegidas.

Trouxemos ainda uma gama de estatísticas que demonstram a crise pela qual passa o Direito do Trabalho, demonstrando que seu principal foco (relação de emprego), ao invés de ser regra, passa a ser exceção. As relações de emprego no Brasil, por exemplo, que deveriam representar a maioria dos postos de trabalho, na verdade, estão em nível baixíssimo. O desemprego ronda o mercado; o grau de subordinação e dependência, nos mais variados contratos (não necessariamente de emprego), permanece o mesmo, o que possibilita a exploração do trabalho e, por consequência, a violação de direitos mínimos fundamentais do trabalhador (sua dignidade).

É nesse sentido que, no capítulo seguinte, ingressamos com uma explicação sobre as causas da informalidade, apontando, aí, o alto custo do emprego no Brasil e o excesso de dirigismo contratual atualmente existente. Esses dois fatores impedem uma melhor adaptação do Direito do Trabalho tradicional aos fatos cotidianos e às características das diversas categorias. Apontamos, então, como possível solução a criação de regras protetivas do trabalhador genericamente subordinado, sem prejuízo das normas já existentes, que regem o vínculo empregatício.

Por fim, demonstramos a necessidade de se criarem normas que interfiram nas demais relações de trabalho subordinadas genericamente, apontando como a ausência de regulação pode provocar violações à dignidade do trabalhador. E como isso afeta diretamente o valor das prestações avençadas pelas partes da relação de trabalho, de forma contrária à característica comutativa que permeia esse vínculo entre trabalhador e capital (beneficiário da força de trabalho).

Termina-se o trabalho, portanto, com uma breve explanação sobre a necessidade de visualizarmos o Direito do Trabalho não somente como o direito do empregado, mas, sim, como o direito específico da classe trabalhadora, que está sujeita ao trabalho organizado por outrem e, portanto, minimamente subordinado (de forma genérica). É nessa relação que há uma nítida diferença de forças que, somada à autonomia de vontades, pode provocar um abuso por parte daquele que é mais forte na relação e a violação à dignidade do trabalhador.

CAPÍTULO I

O CONCEITO DE SUBORDINAÇÃO

1.1. O Direito do Trabalho

O Direito do Trabalho é relativamente novo em relação aos demais ramos jurídicos tradicionais. Representa, em verdade, uma vertente do próprio Direito Civil, cuja autonomia de institutos foi suficiente para sua independência. Nasceu a partir de um desprendimento de um ramo geral, adquirindo características específicas ao atendimento de relações derivadas da prestação do trabalho[1].

Aliás, por ser um ramo que tem origem numa vertente tradicional do Direito, assim como vários outros, como o Direito Comercial ou o próprio Direito do Consumidor, por vezes até com esses se confunde. Por tal motivo, diante da complexidade das relações sociais hoje existentes, e da quantidade de ramos jurídicos frequentemente incidentes nos fatos cotidianos, a necessidade de se obter critérios teóricos que delimitam o âmbito de aplicação das normas das diferentes frentes jurídicas é essencial à sobrevivência do próprio Direito do Trabalho[2].

Foi nesse sentido que *Américo Plá Rodríguez*[3] escreveu, em 1977, que as fronteiras do Direito do Trabalho têm a particularidade, e também a dificuldade, de serem móveis, dinâmicas e flexíveis. Tal circunstância, por certo, proporciona constantes alterações no campo de aplicação da referida disciplina, suplicando por um critério específico à aferição das referidas fronteiras.

Eis a importância do estudo da subordinação para o Direito do Trabalho que, por vezes, confunde-se com o próprio ramo especializado[4], tendo como papel primário distinguir exatamente quais os fatos que podem ou não ser regu-

---

(1) URIARTE, Oscar Ermida; ALVAREZ, Oscar Hernández. Crítica de la Subordinación. Derecho Laboral — *Revista de doctrina, jurisprudencia e informaciones sociales*, Montevideo. Tomo XLV, n. 206, p. 226-227, abr./jun. 2002. *"El Derecho del Trabajo nace como un desprendimiento del Derecho civil, destinado a atender relaciones derivadas de la prestación."*
(2) *Id.*
(3) *Ibid*: *"estas fronteras tienen la particularidad y la dificultad de que son móviles, dinámicas, extensibles, por lo que se va cambiando continuamente el territorio de nuestra disciplina"*.
(4) *Ibid.*, p. 227.

lados por normas trabalhistas. A subordinação marca as fronteiras entre os demais ramos do Direito, atingindo a estrutura obrigacional das relações de trabalho em sua pedra angular: a autonomia de vontade[5].

Tal autonomia de vontade é um dos quatro princípios[6] que regem o direito obrigacional, particularizando-se na liberdade de contratar: autonomia de vontade, consensualismo, força obrigatória e boa-fé. O Direito do Trabalho nasceu com o fim de impor barreiras à livre contratação. Aliás, tanto se abusou da liberdade de contratação, sobretudo nesse ramo do Direito, que as forças de contraposição foram suficientes a inspirar medidas legislativas tendentes à imposição de limites. Tanto o é que, lapidarmente, diz-se que entre o fraco e o forte é a liberdade que escraviza e a lei que liberta[7].

É por isso que o Direito do Trabalho é um ramo jurídico cujas fronteiras são limitadas pelas relações subordinadas de trabalho. Em tese, toda relação subordinada, cujo objeto seja o trabalho, pode ser regulada pela lei trabalhista — se esta efetivamente existir no caso concreto; portanto, as partes terão suas autonomias de vontade dirigidas por fatores externos.

O emprego da subordinação como elemento essencial à aplicação do Direito do Trabalho tem sido predominante, especialmente na doutrina, na legislação e na jurisprudência latino-americanas[8]. Logicamente, a interpretação maior ou menor desse conceito aumenta ou diminui também o âmbito de incidência das normas trabalhistas, o que, como já dito, varia com o passar do tempo e mediante a evolução do referido conceito determinante.

Posto isso, antes mesmo de ingressar no tema principal proposto, são necessários alguns esclarecimentos acerca do próprio Direito do Trabalho, a fim de se delimitarem mais objetivamente as considerações ao final alcançadas e o caminho percorrido neste estudo. Para tanto, algumas perguntas surgem. Afinal, qual o objetivo maior do Direito do Trabalho? Para que sua existência?

São questões primárias, cuja resposta tem como pressuposto a própria limitação da autonomia de vontade, acima relatada. Isso porque, como se verá mais adiante, o Direito do Trabalho foi inicialmente direcionado à proteção da classe proletária, cujas teorias liberais da época permitiam a exploração[9], em detrimento de direitos mínimos do indivíduo.

---

(5) Ibid., p. 226-227: *"El Derecho del Trabajo nace como un desprendimiento del Derecho civil, destinado a atender relaciones derivadas de la prestación del trabajo que el segundo, cuya estructura obligacional se fundamenta em la piedra angular de la autonomia de la vonluntad"*.
(6) GOMES, Orlando. *Contratos*. 2. ed. Rio de Janeiro: Forense, 1966. p. 25.
(7) Ibid., p. 30.
(8) URIARTE, Oscar Ermida; ALVAREZ, Oscar Hernández. op. cit., p. 228: *"o empleo de la subordinación como elemento determinante para la aplicación del Derecho del Trabajo ha sido la predominante, especialmente en la doctrina, legislación y jurisprudencia latinoamericanas"*.
(9) MAIOR, Jorge Luiz Souto. *Relação de emprego & relação de trabalho*. São Paulo: LTr, 2007. p. 53.

No entanto, com a evolução da sociedade, da engenharia jurídica e da manutenção do velho conceito de subordinação restrita à relação de emprego, tal ramo do Direito não mais absorve adequadamente os fatos da sociedade para os quais deveria servir e regular. Aliás, como salientou *Amauri Mascaro Nascimento*, o Direito do Trabalho poderia dispensar um melhor tratamento jurídico aos demais contratos subordinados de trabalho, que não necessariamente se encaixam no vínculo de emprego[10].

Afinal, como bem ensina *Américo Plá Rodriguez*[11], o Direito do Trabalho, fundamentalmente, tem como inspiração uma característica básica na relação jurídica dos contratantes desse ramo: a desigualdade entre as partes. Isso serve ao amparo preferencial do trabalhador, tido presumidamente como o sujeito enfraquecido da relação. A preocupação, portanto, é alcançar-se uma igualdade substancial e verdadeira entre as partes (trabalho e capital), mediante certa proteção contratual conferida por meio de princípios e de legislação específicos, a fim de manter a equivalência das prestações avençadas.

Da mesma forma, *Orlando Gomes* e *Elson Gottschalk*[12], citando *De La Cueva*, delimitam claramente como essência do contrato de trabalho nesse ramo jurídico a existência de um estado de dependência ou subordinação em que permanece a classe trabalhadora no fenômeno da produção. Ou, numa melhor conjunção das explicações, pode-se afirmar que a subordinação é a representação efetiva da diferença de forças existente entre capital e trabalho, razão pela qual pode ser considerada a própria essência do Direito do Trabalho. Afinal, para ser subordinado, o trabalhador, antes, precisa ser dependente. E, por ser dependente, é considerado o mais fraco da relação, necessitando, assim, da devida proteção.

Ora, se assim o é, devemos nos preocupar, então, com o suporte fático necessário à aplicação da legislação trabalhista, qual seja, a subordinação. Isso porque, como já visto anteriormente, tal instituto é considerado como fator fundamental à delimitação da aplicação do Direito do Trabalho[13] e, certamente, seu estudo poderá abrir novos caminhos à correta produção e à incidência de normas quando efetivamente necessário, independentemente da natureza da relação trabalhista, não apenas se limitando ao antigo e conhecido vínculo de emprego.

Muito embora tenha entendimento mais restrito, *Mauricio Godinho Delgado*[14], em sua obra, diz que o Direito do Trabalho, como sistema jurídico coordenado,

---

(10) NASCIMENTO, Amauri Mascaro. O autônomo dependente econômico na nova lei da Espanha. *Revista LTr. Doutrina.* vol. 72, n. 09, set. 2008 (Revista LTr 72-09/1031).
(11) RODRIGUEZ, Américo Plá. *Princípios de Direito do Trabalho.* Tradução de Wagner D. Giglio. São Paulo: LTr; Editora da Universidade de São Paulo, 1978. p. 28.
(12) GOMES, Orlando; GOTTSCHALK, Elson. *Curso de Direito do Trabalho.* Atualizado por José Augusto Rodrigues Pinto e Otávio Augusto Reis de Sousa. Rio de Janeiro: Forense, 2006. p. 132.
(13) URIARTE, Oscar Ermida; ALVAREZ, Oscar Hernández, *op. cit.*, p. 228.
(14) DELGADO, Mauricio Godinho. *Curso de Direito do Trabalho.* 2. ed. São Paulo: LTr, 2003. p. 58.

tem no vínculo de emprego sua categoria básica. Logicamente o fato social marcante que deu ensejo à criação desse ramo específico do Direito foi a relação de emprego, razão pela qual é seu objeto predominante, mas não o único. Por ser categoria básica, e não exclusiva, as demais relações, como já dito, e desde que existam nelas as características necessárias (trabalho e subordinação), também podem, e devem, ser objeto do Direito do Trabalho.

Sobre essa separação conceitual entre o contrato de trabalho e o de emprego, várias discussões já surgiram, tal como retrata *Jair Aparecido Cardoso* em sua obra. O autor, aliás, adota a teoria do conceito único. Assim, o contrato de trabalho corresponderia ao de emprego, uma vez que:

> (...) a própria comissão para elaboração da consolidação da nossa legislação trabalhista já havia despertado para esse fato, deixando assente na exposição de motivos que, para o objeto social do novo ramo do Direito que se despontava, os termos contrato individual e relação de emprego se equivalem e se confundem[15].

No entanto, é preciso deixar claro que, no presente estudo, não se pretende caracterizar todo trabalho subordinado como de emprego, e muito menos utilizar a legislação protecionista típica da relação de emprego para as demais atividades laborais subordinadas, mas que não se coadunam com o citado vínculo. Tão apenas se pretende que o trabalho, desde que subordinado de alguma forma, seja objeto de proteção específica, conforme sua espécie, características e necessidade. Cabe ressaltar que os indivíduos subordinados são presumidamente fracos em relação aos outros sujeitos da relação e devem, assim, ser juridicamente tutelados, não necessariamente pelo contrato de trabalho celetista, mas ao menos, de alguma forma, pelo Direito do Trabalho[16]. Assim é que o termo *contrato de trabalho*, na legislação típica de emprego, corresponde efetivamente ao contrato de emprego — sem dúvida alguma.

Portanto, a relação de trabalho que aqui se traça é a relativa à prestação subordinada da força laboral, seja esta de emprego (regida pela consolidação das leis trabalhistas — CLT) ou não. Certamente, nas relações em que o trabalhador não esteja sob as ordens e o comando do sujeito beneficiário da força de trabalho, nem subordinado de alguma forma, direta ou indiretamente, aos mandos e desmandos (lícitos ou ilícitos) deste, não há que se falar em proteção jurídica específica do Direito do Trabalho. Afinal, não haveria diferença de forças; portanto, submissão de uma parte a outra.

---

(15) CARDOSO, Jair Aparecido. *Contrato realidade no direito do trabalho*. Ribeirão Preto: Nacional de Direito Livraria Editora, 2002. p. 62-63.
(16) GOMES, Orlando; GOTTSCHALK, Elson, *op. cit.*, p. 131/132 e 141.

Estamos falando da relação de trabalho (genérica) na qual exista uma relativa organização, direção ou dependência perante alguém que não seja o executante da atividade laboral, não necessariamente na relação de emprego.

É nesse sentido que devemos entender o termo "trabalho", constante na expressão "Direito do Trabalho", tal como propôs *Max Weber*[17]. De acordo com esse estudioso, em sentido estrito, *trabalho* nada mais é que o exercício pacífico de um poder de disposição que, em princípio, está economicamente orientado, ou seja, é organizado por alguém que não seja o trabalhador. Nesse caso, este vende sua força para outra pessoa, sob a direção desta.

Sendo assim, em resumo, a força de trabalho vendida ao respectivo beneficiário é orientada, ou, de forma mais adequada ao Direito do Trabalho, subordinada direta ou indiretamente às regras e ordens emanadas por quem detém os meios de produção. E essa subordinação retrata exatamente a diferença de forças existente entre o capital e o trabalho, que hoje prevalece nas relações dessa natureza. Afinal, para que o trabalhador receba o salário, é necessária a prestação do serviço tal como pretende o sistema capitalista.

Portanto, não estamos tratando apenas do trabalho desenvolvido sob as égides da relação de emprego que, como se verá adiante, é expressa e claramente orientada pelo poder de direção do sujeito que organiza e beneficia-se da força de trabalho. Também nos referimos a todo trabalho que seja minimamente orientado, mas não necessariamente inserido na relação de emprego; portanto, minimamente subordinado. A diferença entre um e outro percorre uma linha tênue de difícil visualização.

O estudo do conceito de subordinação e também da relação de trabalho, conforme proposto a seguir, traz maiores detalhes acerca das características envolvidas, facilitando a questão de delimitação do campo de incidência quanto ao citado ramo jurídico.

O que se estuda, portanto, é a subordinação na relação de trabalho, não só em seu conceito típico das relações de emprego; mas, sim, num conceito mais amplo. Assim, é um instituto que interfere em toda a relação genérica de trabalho que tenha relativa diferença de forças, suficiente à incidência de normas específicas de proteção. Certamente, uma maior abrangência do conceito poderá trazer mais respeito aos princípios básicos relativos ao trabalhador, concentrados no que se denomina, hoje, como *princípio da dignidade humana*.

---

(17) WEBER, Max. *História geral da economia*. Tradução de Klaus Von Puschen. São Paulo: Centauro, 2006. p. 9.

1.2. O conceito de subordinação nas relações de trabalho

Ora, se a subordinação é um pressuposto de existência do Direito do Trabalho, tal como proposto anteriormente, seu conceito é de suma importância e deve ser estudado de forma ampla, já que o campo de aplicação de regras de proteção trabalhista disso depende. Caso se consiga aumentar significativamente, com o tempo, a proteção ao trabalho subordinado como um todo, certamente o grau de respeito à dignidade humana do trabalhador aumentará também. Urge aniquilar-se, aos poucos, a diferença de forças que gera a violação ao princípio da comutatividade das prestações nas relações de trabalho (seja esta de emprego ou não).

Ademais, como se verá adiante, a quantidade de contratos de trabalho atualmente firmados, que não correspondem aos típicos de emprego (ordinariamente protegidos pela legislação brasileira), é relativamente elevada, sendo a proteção trabalhista, nesses casos, praticamente nula. Aliás, no Brasil, o trabalho por conta própria é o que efetivamente tem se expandido. Eis o típico trabalho autônomo, com condições precárias e remuneração contida[18].

A subordinação que se retrata aqui, portanto, é gênero. E pela doutrina pode conter várias espécies, tal como a subordinação jurídica ou a dependência hierárquica; as dependências econômica, técnica ou social[19]. Ou ainda, para outros[20], a subordinação desdobra-se nos seguintes aspectos: jurídico, econômico, social, técnico, hierárquico ou até estrutural.

De todas as espécies de subordinação, a mais importante é a jurídica, que retrata exatamente a destinada ao reconhecimento e à formação do vínculo de emprego e, fundamentalmente, do próprio Direito do Trabalho. Com essa visão, o Professor *Mauricio Godinho Delgado* ensina:

> (...) o núcleo fundamental do Direito do Trabalho situa-se, sem dúvida, na relação empregatícia de trabalho, construindo-se em torno dessa relação jurídica específica todo o universo de institutos, princípios e regras características a esse específico ramo jurídico[21].

E o instituto do emprego, por sua vez, claramente foi constituído com base no conceito de subordinação jurídica. Tanto é que, logo em seguida, delimitando ainda mais esse núcleo, o mesmo estudioso completa, dizendo que "... subordinação é conceito que traduz a situação jurídica derivada do contrato de trabalho mediante a qual o empregado se obriga a acolher direção do empregador"[22].

---

(18) POCHMANN, Marcio. *O emprego na globalização* — A nova divisão internacional do trabalho e os caminhos que o Brasil escolheu. São Paulo: Boitempo, 2001. p. 98.
(19) GOMES, Orlando; GOTTSCHALK, Élson, *op. cit.*, p. 133.
(20) GARCIA, Gustavo Filipe Barbosa. *Curso de Direito do Trabalho*. 2. ed. São Paulo: Método, 2008. p. 136.
(21) DELGADO, Mauricio Godinho, *op. cit.*, p. 84-85.
(22) *Id.*

Por isso, cumpre salientar que importa ao fim aqui proposto apenas dois conceitos básicos: a *subordinação* (gênero) e a *subordinação jurídica* (espécie). Esta última torna-se relevante, pois retrata a essência do vínculo empregatício. E a primeira, porque revela exatamente a diferença de forças existente em uma determinada relação de trabalho, não necessariamente de emprego, que também necessita, na maioria dos casos, de alguma proteção. As demais espécies entram para um mesmo grupo, o dos contratos genericamente subordinados de alguma forma, sem qualquer proteção legal específica.

Nesse sentido é que se tem a palavra *subordinação* simplesmente como gênero. E subordinação jurídica como espécie daquela, que reflete no campo da relação de emprego. O termo tem origem no latim, *subordinatione*, que representa a unificação das palavras *sub* (baixo) e *ordine* (ordens). Traduz exatamente uma situação de submissão. É o estado de dependência ou obediência em relação a uma hierarquia (de posição ou de valores)[23]. Esse é o conceito que devemos ter em mente no presente estudo. Ele leva por base tal situação de submissão do trabalho (em regra, o empregado) ao beneficiário que o organiza (em regra, o empregador), para desenvolver a história e as necessidades humanas nas relações de trabalho, seja para agora, seja para o futuro.

Interessante notar que a subordinação como gênero é resultado da submissão de uma parte às ordens de outra. Como espécie, a subordinação jurídica é a subordinação genérica mais acentuada, ou seja, na qual a administração da força de trabalho é mais evidente. E, por conter a palavra "jurídica", logicamente é originada da lei[24] — do poder de direção autorizado pela criação legislativa humana.

Portanto, tal conceito de subordinação jurídica tem origem num ato humano de vontade, sendo definido pela própria vontade Homem, e não somente pelas circunstâncias sociais que cercam a atividade desenvolvida pelo trabalhador. Assim, é que o próprio Homem que organiza o trabalho de outro Homem, de forma autorizada pela lei. Por isso, pode-se dizer que, quando tal submissão (ou dependência) deriva do próprio Direito (das regras criadas pelo Homem para regularem o próprio Homem em sociedade — o poder de direção permitido por lei), temos a subordinação jurídica, que marca a textura das relações de trabalho protegidas pelo Direito — o típico vínculo de emprego.

Eis a diferença: enquanto a subordinação (gênero) é naturalmente existente numa relação minimamente organizada de trabalho entre capital e trabalhador — seja de que tipo for — na subordinação jurídica, a organização é imposta pelo poder de direção; portanto, construída pelo Homem.

---

(23) FERREIRA, Aurélio Buarque de Holanda. *Novo Dicionário Aurélio da Língua Portuguesa em CD-ROM (versão 5.11)*, Rio de Janeiro: Positivo, 2004.
(24) Art. 2º do Decreto Lei n. 5.452, de 1º de maio de 1943 (CLT).

Esse, aliás, é o critério da dependência hierárquica, na qual o trabalhador deixa-se guiar e ser comandado pelo sistema imposto pelo empregador, que tem logrado maior aceitação na doutrina e jurisprudência[25]. Tal conceito de subordinação é muito semelhante ao de *Ludovico Barassi*, expressado em seu livro *Il Contratto di Lavoro nel Diritto Positivo Italiano*, de 1901: a sujeição plena e exclusiva do trabalhador ao poder diretivo e de controle do empregador[26].

O conceito de subordinação jurídica, por certo, tem origem numa interpretação complexa e lógica. Utiliza-se o termo *dependência*, constante no art. 3º da CLT[27], que define a condição de empregado. No art. 2º do mesmo diploma[28], caracteriza-se o empregador como aquele que admite e dirige a prestação pessoal dos serviços. Tal restrição, portanto, exclui da proteção ali conferida os trabalhadores simplesmente subordinados (não juridicamente).

Nesse sentido, possivelmente, é que o Professor *Sérgio Pinto Martins*[29] explica que a legislação emprega equivocadamente o termo "dependência", fazendo referência à situação alheia ao contrato típico de trabalho.

Muito embora a jurisprudência e a doutrina realmente tenham adotado o termo *subordinação* (no caso do empregado, subordinação jurídica), a palavra *dependência* não deixa de ter sua importância para delimitarmos o conceito de tal instituto nas relações de trabalho. Afinal, é mais natural às características que envolvem as partes nesse tipo de relação. Seguem alguns julgados que retratam bem a questão.

> Ementa: Vínculo de emprego. Não configuração. Não comprovados os requisitos pertinentes à relação de emprego, mormente a subordinação, resta inviável o reconhecimento do vínculo empregatício. (Processo TRT 15ª Região n. 00069-2008-050-15-00-3 RO)

> Ementa: Recurso do reclamante. Representação comercial. Vínculo de emprego. Afastada a subordinação jurídica e a pessoalidade, requisitos essenciais à configuração do vínculo empregatício, resta inviável o reconhecimento da relação de emprego. (Processo TRT 15ª Região n. 01417-2006-130-15-00-1 RO)

---

(25) GOMES, Orlando; GOTTSCHALK, Elson, *op. cit.*, p. 133.
(26) URIARTE, Oscar Ermida; ALVAREZ, Oscar Hernández, *op. cit.*, p. 228: "*la sujeción plena y exclusiva del trabajador al poder directivo y de control del empleador*".
(27) Decreto Lei n. 5.452, de 1º de maio de 1943 (CLT) — Art. 3º — Considera-se empregado toda pessoa física que prestar serviços de natureza não eventual a empregador, sob a dependência deste e mediante salário.
(28) Decreto Lei n. 5.452, de 1º de maio de 1943 (CLT) — Art. 2º — Considera-se empregador a empresa, individual ou coletiva, que, assumindo os riscos da atividade econômica, admite, assalaria e dirige a prestação pessoal de serviço.
(29) MARTINS, Sérgio Pinto. *Curso de Direito do Trabalho*. São Paulo: Atlas, 2005. p. 167: "Emprega o art. 3º da CLT a denominação *dependência*. Esse termo não é adequado, pois o filho pode ser dependente do pai, mas não é a ele subordinado. A denominação mais correta é, portanto, subordinação. É também a palavra mais aceita na doutrina e jurisprudência. Subordinação é a obrigação que o empregado tem de cumprir as ordens determinadas pelo empregador em decorrência do contrato de trabalho".

Ementa: Vínculo empregatício. Para caracterização do vínculo empregatício é necessária a presença dos seguintes requisitos: pessoalidade, prestação de serviços, não eventualidade, subordinação e pagamento de salários. (Processo TRT 02ª Região n. 02970451845)

Ementa: Vínculo de emprego — configuração. É necessária a existência de todos os requisitos da relação de emprego (trabalho por pessoa física, com pessoalidade, onerosidade, não eventualidade e sob subordinação jurídica), sob pena de não restar configurado o vínculo empregatício. (Processo TRT 02ª Região n. 02146-2006-402-02-00-8)

Logicamente, se uma parte não é minimamente dependente da outra na relação de trabalho, também não existirá qualquer subordinação e, por consequência, diferença de forças. Então, também não haveria de se falar em proteção alguma.

Tanto isso é verdade que, interpretando-se *Martha Marquez Garmendia* e *Pilar Beñaran Burastero*[30], pode-se afirmar que os autores trouxeram maior importância ao termo "dependência" nesse tipo de relação. Primeiramente, eles trataram os termos *dependência* e *subordinação* praticamente como sinônimos. Depois, fizeram contraposição da ideia de subordinação jurídica ao trabalho independente, ou autônomo, tradicionalmente excluído da proteção do Direito do Trabalho. Afinal, independência é o típico e natural termo que se contrapõe ao conceito de dependência.

Percebe-se claramente que, embora haja tendência a adotar o referido termo, a contraposição ao trabalho não subordinado ainda é o trabalho independente (ou autônomo, sem qualquer tipo de subordinação). Isso ocorre pois a lógica do trabalho independente leva à consequência do trabalho não subordinado, e vice-versa.

De qualquer forma, como veremos adiante, o próprio conceito de dependência ainda é de suma importância para a caracterização da submissão do trabalho ao capital, seja pela via da subordinação jurídica antes explicitada, seja pela dependência de um sujeito ao outro. O que muda, apenas, é a regra de proteção, aplicando-se aos empregados a lei ordinária e tradicional (CLT e regras esparsas).

---

(30) GARMENDIA, Martha Márquez; BURASTERO, Pilar Beñaran. *Trabajadores Parasubordinados.* Cuarenta y dos Estudios sobre la Descentralización Empresarial y el Derecho del Trabajo. Fundación de Cultura Universitaria, Montevideo, 2000. p. 254: "(...). *Desde el origen mismo del Derecho del Trabajo su objeto ha sido identificado como el de regular y proteger la actividad laboral cumplida de manera dependiente o subordinada, es decir, el trabajo por cuenta ajena, realizado mediante retribución y bajo la dirección del empleador. La subordinación constituye el elemento proprio de la prestación de trabajo asalariado, tal como se ha desarrollado históricamente. Apesar de las diferencias doctrinales en cuanto al contenido de la idea de subordinación jurídica (...), es posible afirmar que ésta ha permanecido como el principal elemento caracterizante de la relación originada en el contrato de trabajo, distinguiéndola del denominado trabajo independiente o autónomo, tradicionalmente excluido de la regulación por el Derecho del Trabajo*".

A subordinação jurídica caracteriza-se realmente pela sujeição legal do trabalhador ao poder de organização da atividade laboral desenvolvida por quem compra sua força de trabalho. Mas essa organização, esse poder de direção, no caso do vínculo empregatício, é evidente e reconhecida por lei, sendo nos demais casos também existente, mas em grau não suficiente para caracterização do vínculo de emprego.

Nas demais relações de trabalho aí não inseridas, há também um mínimo de organização, conforme já tratado anteriormente no conceito de trabalho, não explícita e evidente o bastante para a caracterização do vínculo empregatício, mas suficiente a se ver reconhecida sua origem: a diferença de forças entre os sujeitos da relação de trabalho.

Certamente, como pressuposto de toda e qualquer subordinação, temos a dependência existente de alguma forma entre as partes, que tem origem na diferença de forças da relação do capital com o trabalho. A subordinação, portanto, tem como pressuposto a dependência. E esta, por sua vez, pressupõe a diferença de forças entre as partes. E a diferença de forças só existe porque, entre os sujeitos, um possui o capital e outro, apenas a força de trabalho.

Portanto, muito embora utilizemos usualmente a subordinação exclusivamente jurídica como requisito básico à configuração de uma relação de trabalho em que o empregado está submisso ao empregador, tal característica deve ser localizada não somente na obrigação que a pessoa que coloca sua força de trabalho à disposição de outrem tem de cumprir ordens. Insere-se também no fator de dependência desta (trabalho) para com o sujeito detentor do capital (ou bens de produção), o que, na maior parte das vezes, restringe-se ao lado econômico e é pressuposto do poder de direção a que se submete o indivíduo.

O mesmo ocorre com as demais relações de trabalho, não inseridas no rol do vínculo de emprego. Para que haja sua inserção no Direito do Trabalho (independentemente de existir, hoje, regras protetivas ou não), há necessidade de que exista subordinação, derivada da dependência que, por sua vez, nasce com a diferença de forças, formada pelas características dos sujeitos envolvidos.

Em suma: evidenciar os polos e as características dos sujeitos participantes da relação de trabalho, em qual dos dois grupos (capital ou trabalho) estão posicionados, é essencial para localizarmos a forma de submissão (dependência e subordinação) entranhada na relação jurídica em estudo. Cabe destacar que esta é, aqui, chamada apenas de subordinação, em sua última forma.

E, visualizando-se de forma mais efetiva quais relações precisam de regramento específico, logicamente se englobadas no conceito de subordinação, a criação de regras protetivas aumentará significativamente o respeito à figura do trabalhador.

1.3. A relação de trabalho

Se a subordinação é o tema principal deste estudo e se esta vem inserida na relação do citado ramo do Direito em que haja uma relativa diferença de forças, faz-se necessária, então, uma exposição sobre a própria relação de trabalho.

Portanto, desde já é importante limitar o conceito exposto acima, de relação de trabalho, apenas àqueles casos em que haja subordinação, não necessariamente com a qual estamos familiarizados atualmente (subordinação jurídica da típica relação de emprego); mas, sim, com a oriunda da diferença de forças que naturalmente pode existir na relação de trabalho.

Quando se fala em relação de trabalho, deve-se estudar, de início, o próprio trabalho, que faz parte da economia, mais especificamente da Economia Política. Ele traduz-se na forma pela qual os Homens procuram os bens dos quais têm necessidade para viver ou sobreviver. Atualmente, no entanto, para a compra dos referidos bens, é necessário o dinheiro, sem o qual as aquisições não seriam possíveis. O dinheiro, por sua vez, é a renda do indivíduo que, segundo Marx[31], pode ser classificada quanto à sua origem em três grandes grupos: o capital, a terra e a força de trabalho. Os indivíduos pertencentes aos citados grupos têm formas diferentes de auferir renda.

A questão da renda é essencial para entendermos como funciona a relação de trabalho, pois constitui exatamente o objetivo a ser alcançado para cada uma das partes na relação de trabalho, das quais se concretizam e derivam-se as prestações jurídicas a que se obrigam os sujeitos envolvidos.

Vamos nos deter em dois grupos apenas, que são os formadores da relação ordinária de trabalho: o capital e a força de trabalho. O primeiro rende ao capitalista o que chamamos de *lucro*, originado da aplicação do capital em certa atividade econômica. O segundo rende ao trabalhador (operário) um salário, que tem origem na venda da força de trabalho. Ambos os resultados (lucro e salário) geram dinheiro, utilizado na compra de bens. Assim, move-se a economia.

Eis o primeiro ponto que devemos atentar na relação de trabalho: temos dois objetivos distintos e, basicamente, duas prestações a que se obrigam as partes. A prestação do trabalhador é servir àquele que compra sua força de trabalho, possibilitando o lucro esperado pelo capitalista que empregou recursos na atividade econômica respectiva. E a contraprestação do comprador da força de trabalho é pagar o salário, aqui entendido em sentido amplo.

Dessa forma, devemos entender o capitalista como aquele que dispôs à atividade econômica tanto o dinheiro, como os meios e bens de produção que

---

(31) MARX, Karl. *O capital*. Edição resumida por Julian Borchardt. Tradução de Ronaldo A. Schmidt. Rio de Janeiro: LTC, 1980. p. 15.

poderão ser transformados e colocados à venda mundo afora[32]. Ou seja, ele é um investidor; é a parte que tem a ideia, o produto, os meios de produção — mas não tem como colocar toda essa estrutura para funcionar de forma adequada e eficiente apenas com sua força pessoal.

E o outro lado: o trabalho. O sujeito que se posiciona nesse ponto da relação não tem o dinheiro disponível, nem os meios de produção, tampouco as ideias necessárias para conseguir auferir lucro pela atividade econômica. Precisando participar da economia, obter renda (salário) para a compra de bens úteis ou necessários, utiliza apenas a sua força de trabalho, a qual passa a ser de propriedade do capital.

É isso que acontece quando o dono de uma indústria contrata um funcionário. Aquele é proprietário de bens e dos meios de produção, enquanto este é quem detém a força necessária para fazer funcionar o negócio. O mesmo ocorre com uma empresa de serviços; de um lado, temos o proprietário da empresa, que possui a ideia e os serviços colocados à venda no mercado. De outro, aquele que executará os serviços.

Assim, como já dito, é evidente (e natural) que o capitalista pretende auferir lucro, que é o fruto do capital empregado. De outro lado, o empregado pretende obter o salário, fruto da força de trabalho. Para que ambos os resultados ocorram, faz-se necessária uma orientação da força de trabalho, a fim de que se concretizem aquelas ideias originadas pelo lado capitalista, que é o elemento *subordinação*.

Portanto, na relação de trabalho, temos dois sujeitos no mínimo (trabalhador e capitalista), duas prestações básicas (a venda da força de trabalho e o pagamento do salário) e a imposição de regras, por meio da subordinação, via orientação e organização da atividade desenvolvida (o poder de direção).

Eis aí o primeiro ponto que é necessário deixar registrado: essa relação que envolve dois sujeitos com objetivos diferentes (lucro derivado do capital empregado e salário como contraprestação pela força de trabalho) engloba uma situação muito peculiar, derivada da subordinação: a diferença de forças. O operário trabalha sob o controle do capitalista. Este, por tal prestação, paga pela força de trabalho, comprando-a, e por isso o uso da força de trabalho pertence a ele, assim como o produto derivado do trabalho[33]. E, se lhe pertence, tem poderes sobre ela, pois lhe é subordinada.

E aí, também, reside uma diferença básica entre a relação de trabalho e outras relações. Naquela, o trabalhador vende sua força de trabalho e, por con-

---

(32) *Ibid.*, p. 44.
(33) *Ibid.*, p. 34.

sequência, o produto deste. Nas demais relações não subordinadas, o trabalhador vende o produto de seu trabalho, e não a sua força respectiva. Aufere, portanto, lucro e salário pela atividade desempenhada.

No entanto, muito embora a força de trabalho pertença a ele, o trabalhador é livre, ou seja, a subordinação deve ser pacífica, tal como empregado por *Weber*[34] em seu conceito de trabalho na atividade econômica. Sendo um ramo específico que trata de relações jurídicas obrigacionais, o Direito do Trabalho atual possui como pressuposto a liberdade que os sujeitos têm no mundo para praticarem os atos que bem entenderem (se legais). No entanto, uma vez subordinados os atos de trabalho às regras e ordens originadas do sujeito capitalista, é natural que exista uma diferença de forças, a qual foi acentuada com o tempo.

A evidente diferença de forças entre os sujeitos da relação de trabalho e a transformação do modo de produção em virtude da subordinação do trabalho ao capital, portanto, foram derivadas da evolução da relação entre trabalho e capital[35]. Com o tempo, um dos polos ficou visivelmente superior ao outro, tornando-o mais poderoso. A estrutura desse específico ramo foi construída sobre base fática que pressupõe uma relativa diferenciação social, econômica e política de um ser coletivo que atua como agente socioeconômico, com possibilidade de impacto numa comunidade mais ampla[36].

Como lembrado por *Karl Marx*[37], quando se iniciou a produção no estilo capitalista, ou seja, mediante uma intervenção organizacional do capitalismo na forma de trabalho, desenvolvida pelo indivíduo que vende a sua força, de início, o operário somente se submetia ao trabalho. Isso ocorria por lhe faltarem os meios necessários para a produção de uma mercadoria, sem possibilidade efetiva de competição com o estilo fabril. No entanto, passado um tempo, a força de trabalho individual deixa, na prática, de existir — e só pode ser vendida ao capital, e a mais ninguém. O ser humano, individual, não vale coisa alguma no mercado de trabalho, senão em conjunto a outros trabalhadores que, coletivamente, produzem uma mercadoria.

Uma frase citada pelo mesmo autor demonstra de forma efetiva o quanto o capital, talvez de forma culposa, enfraqueceu o trabalhador individualmente: "A ignorância é a mãe da indústria"[38]. Afinal, como bem salientado, os operários parcelados pela divisão do trabalho, necessária na produção capitalista fabril, perdem suas potências intelectuais. Faz-se dele um trabalhador fragmen-

---

(34) WEBER, Max, *op. cit.*, p. 9.
(35) MARX, Karl, *op. cit.*, p. 34.
(36) DELGADO, Mauricio Godinho., *op. cit.*, p. 194.
(37) MARX, Karl, *op. cit.*, p. 77.
(38) Id.

tado e, por isso, estropiado e ignorante que, sozinho, não alcança renda alguma; por isso, torna-se dependente do capital organizado.

Somado tal fato com o aumento significativo da população operária em relação à necessidade efetiva dos capitalistas, provavelmente resultante do emprego da máquina e dos novos meios e técnicas de produção (que provocaram desemprego), o resultado alcançado foi uma diminuição progressiva do valor da força de trabalho. A parte operária retirada do mercado e, portanto, supérflua, da qual o capital não mais tem necessidade para alcançar seus rendimentos, sucumbe a cada dia na luta desigual da antiga exploração profissional ou manufatureira contra a exploração mecânica. Assim, incha-se o mercado, fazendo cair o preço da força de trabalho abaixo de seu valor[39].

A evolução da relação capital e trabalho tornou elástica a capacidade que uma parte tinha de fazer valer o valor da sua prestação obrigacional, causando um desequilíbrio evidente na relação de trabalho e, por óbvio, uma desvalorização do trabalhador como um todo, o que lhe afetou direitos mínimos. Eis o porquê de se falar muito hoje em *patamar mínimo*[40] e *dignidade humana*. Se a sociedade permitir que o trabalho possua regras autônomas somente, sem qualquer delimitação do mínimo necessário ao respeito a tais princípios, certamente a exploração capitalista aumentará ainda mais, violando o respeito aos direitos mínimos e fundamentais nas relações de trabalho como um todo.

Essa evolução da relação, certamente, criou terreno fértil para abusos por parte de alguns, que se utilizam da diferença de poder derivada da subordinação para alcançarem seus objetivos, ou seja, um lucro ainda maior. Daí a necessária e constante intervenção jurídica autônoma e heterônoma nas relações de trabalho.

Assim é que nasceu o Direito do Trabalho, como se sabe. Sua função é exatamente equalizar essa diferença monumental de forças na relação capital e força de trabalho, amenizando eventuais abusos que possam violar a dignidade do ser humano, especialmente do trabalhador. Por ele, tenta-se impedir que lhe diminuam significativamente o valor, em contrariedade à característica de comutatividade, uma vez que, na relação de trabalho, assim como em outros contratos com tais características, os valores vantagem e sacrifício são subjetivamente equivalentes, havendo certeza quanto às prestações[41].

Portanto, num primeiro passo, é essencial conceituarmos a relação de trabalho subordinado. Trata-se da relação jurídica comutativa, existente entre sujeitos opostos (capital e trabalho), na qual as prestações têm valor equivalen-

---

(39) *Ibid.*, p. 117.
(40) DELGADO, Mauricio Godinho. *Capitalismo, trabalho e emprego.* São Paulo: LTr, 2006. p. 30.
(41) GOMES, Orlando; GOTTSCHALK, Elson, *op. cit.*, p. 125.

te entre si, sendo a obrigação do trabalhador a entrega de sua força de trabalho ao capital, enquanto este deverá, por isso, pagar um salário como contraprestação. Trata-se, evidentemente, de uma subordinação; razão principal da existência de um direito regulador (Direito do Trabalho) que visa tão apenas equalizar as forças inerentes de cada sujeito, a fim de se fazerem cumprir os princípios básicos da dignidade humana.

1.4. A evolução da subordinação nas relações de trabalho

Diante disso, um regresso histórico do referido instituto faz-se importante, traçando uma linha desde o surgimento do trabalho até os dias atuais, explorando as mais importantes alterações ocorridas no elemento *subordinação* e, por consequência, no próprio Direito do Trabalho.

Ademais, pode-se trazer com a História a essência da subordinação, característica predominante na relação entre o capital e o trabalho. Atualmente, muitos magistrados e operadores do Direito priorizam os requisitos formais do vínculo de emprego[42] em relação à própria subordinação em si (dependência efetiva), esquecendo-se do sentido teleológico do instituto e da proteção que falta àqueles que entregam sua mão de obra conforme os caminhos ditados pelo capital.

Desde o primeiro dia em que o trabalho surgiu no mundo, a subordinação esteve presente. Toda discussão atual acerca dos novos atores globais que aparecem no Direito do Trabalho não é nova, pois seus sujeitos sempre se alteraram no tempo, exatamente como vem ocorrendo agora.

E o mais importante a observar é que, a cada crise que aflige o mundo, a forma e os meios de subordinação também se alteram. E, quando a subordinação é modificada, abre-se oportunidade para engenharias jurídicas interessantes, que criam novos personagens nas relações de trabalho, alterando-se também as regras aplicáveis. Mas a essência da relação do trabalho subordinado continua e precisa, por isso, ser regrada, seja de que espécie for.

São dessas crises cíclicas que nascem novos atores do Direito do Trabalho, novos sujeitos da relação jurídica que necessitam de um estudo mais aprofundado. Por isso, o Direito do Trabalho, a subordinação e as crises econômica, política e social são temas de íntima relação.

O problema, em realidade, não são as crises e suas alterações, mas tão somente a forma como o capital, com intuito de aumentar seus lucros, utiliza

---

(42) NASCIMENTO, Amauri Mascaro. *Iniciação ao Direito do Trabalho*. São Paulo: LTr, 2000. p. 155: "... empregado é a pessoa física que presta pessoalmente a outrem serviços não eventuais, subordinados e assalariados...".

tais circunstâncias históricas para diminuir o campo de incidência da proteção conferida pelo Direito do Trabalho. Assim, altera conceitos de subordinação e camufla a efetiva dependência de uma parte a outra, que ainda predomina na relação, e faz imperar a vontade do mais forte perante o mais fraco.

Portanto, sempre que uma crise econômica ou de natureza similar aflige o mundo, o Direito do Trabalho é criticado. Aliás, nesta última década, nunca se falou tanto sobre seu fim[43]. Por isso, vem tempo, passa tempo, suas fronteiras esticam-se ou estreitam-se, conforme igualmente ocorre com a própria subordinação. E algumas relações, antes protegidas, tal como o vínculo empregatício o é pela CLT no Brasil, acabam se alterando e ficando sem o necessário regramento.

É nesse sentido que podemos verificar, na história da subordinação, e do próprio Direito do Trabalho, alguns períodos básicos. Cada qual fora marcado por fortes crises, que destruíram as instituições até então vigentes, trazendo outras novas, que foram se entranhando e, aos poucos, modificando as bases sólidas das quais todos tinham receio de se afastar.

Que fique bem claro: não se pretende, aqui, apontar todas as crises e fases, uma a uma, e muito menos dizer que as mudanças temporais ocorridas exterminam com um determinado ciclo da História e iniciam outro diferente do anterior. Ao contrário; as crises reforçam apenas a criação de novas instituições que, paralelamente, convivem com as antigas, que podem (ou não) se extinguir com o passar do tempo.

Ademais, é necessária uma visão macro da História, para separarmos alguns pontos principais de crise e de alteração dos conceitos de subordinação; portanto, da evolução do próprio Direito do Trabalho. Assim, não se apontarão todas as fases históricas, costumeiramente estudadas na graduação dos cursos de Direito ou nas bases escolares, mas tão apenas aqueles pontos entendidos como fundamentais à linha de pensamento exposta.

Portanto, é diante disso que podemos dizer que o Direito do Trabalho não está no fim, mas tão apenas em constante alteração. Vivemos crises. Atualmente, a do emprego. Mas isso não quer dizer que o emprego (típico trabalho subordinado) também vai ser extinto. Não obstante, o Direito do Trabalho persiste, sem que se possa invalidar seus caracteres socioeconômico e finalístico[44]. Tanto o Direito do Trabalho, como o próprio emprego, certamente, ainda têm anos e anos de vida pela frente — mas, possivelmente, com novos atores e institutos que irão, aos poucos, permear sua esfera de competência.

---

(43) SCHIAVI, Mauro. *Consórcio de empregadores urbanos*. São Paulo. Disponível em: <http://www.amatra2.org.br >. Acesso em : 17 nov. 2008.
(44) MARANGONI, Maurício José Mantelli; MISAILIDIS, Mirta Gladys Lerena Manzo. *As relações de trabalho na economia globalizada*. Campinas: Millennium, 2008. p. 15.

É diante disso que se verifica um melhor caminho para se alcançar o respeito pleno aos direitos mínimos de qualquer trabalhador: abandonar a pecha conceitual do Direito do Trabalho como Direito do Emprego, aumentando significativamente seu campo de incidência.

Esse, aliás, é o entendimento de *Jorge Luiz Souto Maior*. O autor, muito embora faça críticas à utilização do termo "Direito do Trabalho" para outras relações subordinadas que não estejam inseridas no vínculo empregatício, é claro ao dizer que sua posição "...não constitui óbice à consideração de que aos trabalhadores autônomos devem ser aplicadas normas pertinentes ao direito social, tais como as pertinentes à seguridade social..."[45]. Suas considerações retiram do âmbito trabalhista as demais proteções. O que se pode concluir, de qualquer forma, é que, seja no Direito do Trabalho, seja em outro ramo qualquer (independentemente da nomenclatura utilizada), as referidas relações subordinadas de trabalho, não protegidas pela CLT, precisam ser também amparadas pelo Direito.

É nesse sentido que um dos construtores do Direito do Trabalho no Brasil, *Arnaldo Süssekind*, em entrevista[46] concedida à revista da Anamatra, foi contundente ao dizer que o fim do Direito do Trabalho não pode existir, porque ele é fundamental. Não se realiza atividade alguma sem trabalho e sem proteção. A sociedade igualitária idealizada pelos comunistas é uma utopia.

Assim, o que se espera do Direito do Trabalho é a proteção de contratos genericamente subordinados, seguindo, como por exemplo, a Espanha, onde foram criadas normas protetivas ao trabalhador autônomo, economicamente dependente, em julho de 2007[47].

Para delinearmos o futuro, portanto, nada melhor que uma visão do próprio passado, de quando surgiu o trabalho até os momentos atuais. Afinal, como bem salientou o mesmo doutrinador acima citado, na referida entrevista, "...para as futuras gerações deixo a minha mensagem que continuem a estudar o Direito do Trabalho, pois ele é importantíssimo para as relações humanas".

---

(45) MAIOR, Jorge Luiz Souto, *op. cit.*, p. 67.
(46) ANAMATRA. Revista da Associação Nacional dos Magistrados da Justiça do Trabalho. Entrevista (Arnaldo Süssekind), Brasília, Ano XVIII, n. 52, 1º semestre de 2007, p. 11.
(47) Disponível em: <http://www.camaramadrid.es/index.php?elem=835>. Acesso em: 27 jan. 2009.

CAPÍTULO II

A EVOLUÇÃO DO CONCEITO DE SUBORDINAÇÃO

2.1. Predisposição à subordinação

Como ensina *Jair Aparecido Cardoso*, "... por todos os ângulos que se olhe, a história do homem está intimamente ligada ao destino de sua força produtiva, desde as formas mais rudimentares até as de nossos dias"[48]. É por isso que devemos separar a evolução humana em algumas fases, para melhor explicarmos a subordinação e sua história. Em cada um desses períodos históricos, algum tipo de trabalho foi predominante e marcou a forma de subordinação do Homem na relação de trabalho. Como já dito, não houve necessariamente o encerramento definitivo de um sistema e o início de outro, mas tão apenas fases e transições, nas quais várias formas de subordinação coexistiram. O que importa, de qualquer forma, é apontar as características mais importantes em cada tempo.

Certamente, a primeira delas retrata o início da espécie humana e o respectivo surgimento das atividades econômicas, orientadas a "... procurar utilidades (bens e serviços) desejáveis ou as probabilidades de disposição sobre as mesmas"[49]. É possível afirmar que o ser humano, desde sua origem, estava predisposto à subordinação. Tal fato pode ser visto tanto nas teorias criacionistas, como também nas científicas, da evolução humana no tempo. A dependência, aliás, é uma marca importante entre os primatas. Desde os tempos mais antigos, quando havia vida familiar e cuidado com a prole, os jovens seres humanos já dependiam de seus pais por elevado período de tempo[50]. Há filósofos que dizem que a dependência histórica da mulher ao homem compensa a recíproca da maternidade, em que o homem depende da mulher[51]. Tais pensamentos somente confirmam a assertiva acima: a dependência nas relações humanas é regra.

Aliás, com a consequente diferenciação do ancestral comum que marcava o gênero animal que nos cerca, possivelmente entre oito e cinco milhões de anos atrás, verificamos evidências de cooperação entre os indivíduos, ou seja, o trabalho em grupo[52]. A passagem do homem natural a civil acarretou o traba-

---

(48) CARDOSO, Jair Aparecido, *op. cit.*, p. 16.
(49) WEBER, Max, *op. cit.*, p. 9.
(50) AMABIS, José Mariano; MARTHO, Gilberto Rodrigues. *Biologia das Populações*. São Paulo: Moderna, 2004. p. 272.
(51) PIRES, José Herculano. *Adão e Eva*. São Paulo: Paidéia, 1984. p. 10.
(52) AMABIS, José Mariano; MARTHO, Gilberto Rodrigues, *op. cit.*, p. 265.

lho em coletividade, já nas formações primitivas. Os indivíduos realizavam o trabalho em grupo em busca da produção necessária, ou seja, a de valores de uso, operada em termos de economia natural, o que foi considerado por Marx e Engels como a última etapa das sociedades sem classes, dotadas ainda com formas primitivas de economia[53]. Assim, havendo cooperação, existia também relação entre indivíduos, o que pressupõe uma mínima subordinação para alinhamento das atividades realizadas que a todos beneficiavam.

Essas atividades, em realidade, representam exatamente o trabalho humano, em sua forma mais arcaica. Assim, se é verdade que os seres humanos estavam relativamente subordinados quando inseridos em grupos desde sua origem mais remota, mais correto ainda é dizer que o trabalho também o era. Como bem salienta o Professor Carlos Roberto de Oliveira sobre as atividades dessa fase histórica, "...o trabalho fica então subordinado a determinadas formas sociais historicamente limitadas e a correspondentes organizações técnicas, o que caracteriza o chamado modo de produção"[54].

Mesmo nas teorias criacionistas, como a descrita na Bíblia, a tendência à subordinação é manifestada em Gênesis, quando supostamente criou Deus os céus e a terra, fez o Homem a si subordinado[55]. O próprio Professor *Sérgio Pinto Martins*, ao iniciar sua clássica obra sobre o Direito do Trabalho, diz que "... inicialmente, o trabalho foi considerado na Bíblia como castigo. Adão teve de trabalhar para comer em razão de ter comido a maçã proibida"[56], ou seja, ele não o fez por vontade própria, de forma autônoma.

Os controvertidos atos de Adão e de Eva criaram a necessidade de o Homem sustentar-se pelo trabalho, especialmente o físico. Ainda não se falava numa relação bem definida de capital e trabalho. Portanto, não havia de se pensar em subordinação do trabalho pelo dinheiro. Mas, em tese, em tais teorias, a subordinação do Homem ao Criador já era um início do instituto da subordinação. Afinal, pela citada teoria criacionista, foi Este quem determinou a prestação do trabalho, ao aniquilar com as facilidades existentes até então. No mínimo, havia uma relação na qual a diferença de poderes era evidente, já que Adão — o primeiro trabalhador — obedeceu às ordens divinas e, logo que praticou o dito ilícito da época, teve de iniciar a labuta para poder sobreviver.

Na verdade, percebe-se que o Homem, desde sua origem, sempre esteve predisposto à subordinação, ou seja, à relação de ampla dependência. Afinal,

---

(53) OLIVEIRA, Carlos Roberto. *História do trabalho*. 5. ed. São Paulo: Ática, 2006. p. 10.
(54) *Ibid.*, p. 6.
(55) BÍBLIA Sagrada. 2. ed. Tradução de João F. de Almeida. Santo André: Geográfica, 1978. p. 3-50.
(56) MARTINS, Sérgio Pinto. *Direito do Trabalho*. 21. ed. São Paulo: Atlas, 2005. p. 37.

além de subserviente ao Criador ou aos laços de parentesco e de comunidade, é um ser eminentemente social. Seja, portanto, em face das teorias criacionistas, seja diante das científicas, verificamos que a subordinação sempre andou de mãos dadas com a evolução humana, razão pela qual podemos afirmar que a regra é a subordinação, e não a autonomia.

É com essa visão, portanto, que devemos estudar o Direito do Trabalho, já que a maior parte das relações dessa natureza ocorre mediante subordinação e dependência, seja esta caracterizadora do vínculo de emprego, seja de uma relação de trabalho genérica qualquer.

2.2. A subordinação como direito de propriedade

Ainda nas formações antigas, com o aparecimento e desenvolvimento da propriedade privada, facilmente se verifica também o trabalho livre, no campo e na cidade, esta como um local onde se aglomeravam os proprietários rurais, reunidos em torno das instituições de domínio aristocrático. A escravidão resultante da prisão militar ou da sujeição por dívida ainda se caracterizava como um trabalho complementar ao do trabalhador contratado e, portanto, livre[57].

No entanto, foi a partir do século VIII a.C. que a predominância do trabalho escravo começou a se definir mais claramente, acentuado pela conquista e pela expansão territorial promovidas pelos romanos a partir do século V a.C., por meio da implementação do Estado imperial escravista e pela institucionalização do trabalho escravo fundamental[58].

O ser humano, com sua estirpe egoísta, não poderia deixar de criar um instituto tão ridículo quanto à escravidão — a primeira vertente da subordinação real pelo trabalho. O escravo era tido como uma máquina; um bem apenas. Era o objeto da relação jurídica, ou, nas palavras de *Carlos Roberto de Oliveira*, "... ser escravo significa que um homem é propriedade jurídica de outro homem. Como propriedade, o escravo é obrigado a trabalhar para o seu dono, produzindo riqueza e prestando serviços gerais"[59].

Eis a subordinação jurídica clássica — o início da subordinação criada pelas mãos do Homem. Não era uma subordinação natural, esperada para a relação da época; mas, sim, uma diferença de poderes imposta pela criação humana. Revelava-se, portanto, artificial. Bem lembrado, inclusive, por *Caio Mario*, em sua obra, a respeito da escravidão:

A ideia de personalidade está intimamente ligada à de pessoa, pois exprime a aptidão genérica para adquirir direitos e contrair deveres. Esta aptidão é

---

(57) OLIVEIRA, Carlos Roberto, *op. cit.*, p. 23-28.
(58) *Ibid.*, p. 30.
(59) *Id.*

hoje reconhecida a todo ser humano, o que exprime uma conquista da civilização jurídica. Nem sempre, porém, isto aconteceu. No direito romano o escravo era tratado como coisa, era desprovido da faculdade de ser titular de direitos, e na relação jurídica ocupava a situação de seu objeto, e não de seu sujeito. Enquanto durou a instituição da escravidão, e onde ainda subsiste, na Idade Moderna, a situação jurídica do que a ela é submetido importa em permanente e inegável inferioridade, não obstante os esforços contrários dos espíritos bem formados[60].

Desde então, nesse sistema de trabalho, a figura do trabalhador confundia-se com a do escravo. Aliás, pode-se dizer que trabalhar não era algo agradável; mas, sim, uma atitude desprezível aos olhos daqueles que apenas desfrutavam do suor de outra classe: os trabalhadores. O próprio Sócrates considerava o ócio um dos melhores momentos que o Homem poderia ter, em virtude de lhe proporcionar a sabedoria[61].

Na época, ócio e trabalho eram atividades opostas. No entanto, vale lembrar que o trabalho retratava um mal necessário, tal como já demonstrado aqui. Era atividade física, árdua, pouco valorizada. E assim foi considerado por muito tempo. *Leo Huberman* dizia que, "... na Grécia, Platão e Aristóteles entendiam que o trabalho tinha sentido pejorativo. Envolvia apenas força física"[62].

É necessário retratarmos a subordinação jurídica do homem ao homem, nesta fase histórica em que a escravidão foi marcante, com elevadíssima intensidade, uma vez que ocorria por meio do direito de propriedade. Era uma relação de trabalho derivada da diferença de forças imposta pelo Direito, na época, originada a partir da submissão do indivíduo escravizado (trabalhador) ao cidadão livre (detentor dos meios de produção e beneficiário da força de trabalho).

Por muito tempo, o trabalho escravo foi a força motriz de várias economias, inclusive em épocas recentes. No entanto, vale lembrar que nem o trabalho escravo está inserido no Direito do Trabalho, nem (muito menos...) o próprio escravo tinha qualquer direito. Este sequer era sujeito de direito, mas apenas um objeto da relação jurídica. Não havia trabalho livre. Não existia liberdade (autonomia de vontade), uma das pedras fundamentais da relação de trabalho, tal como hoje conhecemos.

O escravo, portador da força laboral, era um bem, tal como uma máquina da empresa. Realmente ainda não era possível falar em Direito do Trabalho, se

---

(60) PEREIRA, Caio Mario da Silva. *Instituições de Direito Civil*. 20. ed. Rio de Janeiro: Forense, 2004. p. 213. v. 1.
(61) PIRES, Herculano. *Os filósofos*. 2. ed. São Paulo: Humberto de Campos, 2001. p. 78
(62) HUBERMAN, Leo. *História da riqueza do homem*. 21. ed. Rio de Janeiro: Guanabara, 1986. p. 38.

este não decorria de um sujeito passível de inserção numa determinada relação jurídica. Mas certamente já se verifica aí uma das vertentes da subordinação nessas relações.

De qualquer forma, como demonstrado anteriormente, a subordinação, ponto-chave do trabalho, também estava presente quando do período de escravidão. Considerando-se o escravo como um ser humano, tal qual sempre o foi, poder-se-ia dizer que este tinha uma subordinação derivada da própria propriedade daquele a quem servia, já que era considerado tão apenas um bem na relação jurídica da época. O Direito considerava-o um bem, e não um sujeito de direitos e obrigações. Portanto, não havia que se falar em Direito do Trabalho. E sequer se falava em dignidade do trabalhador.

2.3. A subordinação como direito de posse

Verificamos, anteriormente, que o trabalho escravo era predominante e de suma importância à economia do Império Romano. Logicamente, a passagem para o sistema feudal não acabou com esse tipo de relação. Muito menos isso ocorreu com o início das Corporações de Ofício ou com a Revolução Industrial. A referida fase feudal foi apenas o início de um sistema em que uma nova espécie de trabalho livre (servil) tornou-se preponderante, vigendo até o início da subordinação no meio urbano.

Aliás, é preciso deixar claro que as fases citadas não ensejam necessariamente o fim de um determinado sistema e o início de outro. Tão apenas demonstram a evolução dos sujeitos nas relações de trabalho e a respectiva importância de cada um deles em cada época, tal qual o servo e o senhor feudal no período ora estudado. Nessa fase, inclusive, os dois modelos (o trabalho livre e o escravo) conviveram e até se confundiram.

Desde o século III, a nobreza romana já procurava estabelecer novas relações que atendessem à necessidade de apropriação dos excedentes produzidos no campo. As invasões bárbaras aceleraram a mudança nas condições sociais e nas relações de trabalho da época, promovendo um melhor controle da aristocracia territorial rural sobre a produção nas terras e sobre os respectivos tributos. Além disso, propiciaram uma convivência laboral entre o livre arrendatário, o pequeno proprietário e os escravos[63].

Assim, o trabalho concomitante do escravo e do servo ocupava posição de destaque. Existia, no entanto, uma diferença entre os trabalhadores livres e os não livres, que aos poucos foi se confundindo, acarretando uma diminuição do

---

(63) OLIVEIRA, Carlos Roberto, *op. cit*, p. 49.

poder senhorial frente aos escravos e um aumento com referência aos homens livres. Aliás, dos séculos X ao XIII houve uma maior intervenção dos tribunais públicos a favor dos escravos, o que resultou num claro declínio do tráfico de humanos como se coisas fossem[64].

Nesse momento começa uma relativa crise do trabalho escravo junto ao sistema feudal, com a predominância de um novo modelo social e também econômico. Com o início do declínio do trabalho gratuito e forçado, novos paradigmas de subordinação jurídica começaram a despontar, tendo como figura outro sujeito na relação de trabalho: o homem "quase" livre, o camponês.

Era o início do feudalismo, fase marcada pela figura do trabalhador livre: o servo. As relações de trabalho sugerem a persistência de formas de coerção direta, traduzidas pelo trabalho compulsório, sob relações de dominação e servidão. A própria palavra *servo* tem origem na língua latina (*servus* ou *servitus*) e significa *escravo* ou *escravidão*. No entanto, como já dito, ele não era escravo, muito embora as semelhanças fossem muitas[65]. Os servos representavam um típico sujeito de direito (trabalhador), inserido num dos polos de uma relação de trabalho sob fortes fatores de dependências social e jurídica, devidamente legitimados pelo poder político; portanto, pelo próprio Direito posto à época[66].

Aliás, os polos das relações de trabalho na época do feudalismo começavam a se formar tal como seria cristalizado mais adiante, no sistema capitalista. No auge da sociedade feudal havia, basicamente, três classes: os sacerdotes, os guerreiros e os trabalhadores, sendo que o homem que trabalhava fazia-o em benefício das outras classes: eclesiástica e militar[67]. Temos claramente um indivíduo que trabalha de um lado; e as demais classes que recebiam o fruto do trabalho, de outro lado — em pontos distintos, tal como numa típica relação de trabalho. De um lado, o detentor dos bens de produção ou beneficiário da força de trabalho (aqui chamada de *capital*) e, de outro, o trabalhador (servo), devidamente subordinado.

O sistema feudal não mais comportava uma típica e exclusiva relação de propriedade entre o beneficiário do trabalho e o trabalhador que colocava sua força à disposição, pois, como se sabe, esta é um direito real, exercido sobre bens, tal como ocorria com o trabalho escravo. O proprietário, nesse caso, tem a faculdade de usar, gozar e dispor da coisa, e o direito de reavê-la do poder de quem quer que injustamente a possua ou detenha[68].

---

(64) WEBER, Max, *op. cit.*, p. 9.
(65) HUBERMAN, Leo, *op. cit.*, p. 6.
(66) OLIVEIRA, Carlos Roberto, *op. cit.*, p. 48.
(67) HUBERMAN, Leo, *op. cit*, p. 3.
(68) Código Civil de 2002 (Lei 10.406/02) — art. 1.228.

Por isso, a relação entre o senhor feudal e o trabalhador (servo) não foi de propriedade, tal como na do trabalhador escravo; trata-se de uma relação baseada na posse que, ao contrário, e muito embora também diga respeito a bens, representa apenas a relação daquele que tem, de fato, o exercício, pleno ou não, de algum dos poderes inerentes à propriedade[69].

Por analogia, utilizamo-nos do instituto da posse para retratar a passagem do trabalhador escravo para o camponês livre de direitos no sistema feudal, mas preso a terra e ao senhor por um costume da época. Ainda sim, há uma subordinação jurídica forte e marcante, que caracteriza a relação havida. Não existia um poder pleno de propriedade, até porque o camponês não era escravo; e, sim, sujeito da relação. No entanto, alguns dos efeitos do direito de propriedade ainda estavam presentes, pois o trabalhador da época não tinha plena liberdade, respondendo diretamente ao *senhor feudal*, conforme as regras locais.

Possivelmente nesse tempo tenha ocorrido o nascimento do próprio Direito do Trabalho. Havia a relação de trabalho mediante subordinação jurídica e, também, o próprio Direito, cristalizado no costume (fonte das regras). Nesse caso, a subordinação era derivada à posse do camponês, muito embora este não mais fosse um simples objeto da relação; mas, sim, o sujeito. E o Direito, por sua vez, foi externado pelas regras costumeiras locais, aplicadas às relações jurídicas da época, inclusive na relação do camponês com o senhor feudal.

O camponês era, em tese, um homem livre, que detinha a força de produção perante a terra. O senhor feudal, por sua vez, possuía a própria terra (o bem para a produção), da qual o camponês fazia parte. E, por fim, havia um mínimo de regulação, de normas que regiam as relações entre ambos.

Portanto, o Direito do Trabalho não nasceu na Revolução Industrial, como afirma boa parte dos autores, em suas obras[70]. Surgiu bem mais cedo, provavelmente nos próprios feudos, tendo os senhores (capital) de um lado, e os camponeses (trabalho) de outro, com subordinação e regras regentes da relação. Se o pagamento de contraprestação pelo trabalho era efetuado em moeda ou em participação (*in natura*), isso pouco importa. O que deve ser visto são as partes envolvidas (capital e trabalho), o elo principal entre estes (subordinação) e a regulação jurídica.

Tais regras eram ditadas pelo costume, então fonte do Direito. Inclusive, em julgado extraído dos anais do Tribunal local da época, pode-se constatar que eram importantes as palavras *de acordo com o costume do feudo*, pois era dos hábitos que emanava a legislação ou as regras que ditavam a sociedade local.

---

(69) Código Civil de 2002 (Lei 10.406/02) — art. 1.196.
(70) MARTINS, Sérgio Pinto, *op. cit.*, p. 39.

Aliás, a posse da terra não significava que se podia fazer dela o que bem entendesse; implicava deveres que tinham de ser cumpridos, inclusive perante seus subordinados[71].

Existiam direitos e deveres tanto para um lado, como para o outro. Havia formas de julgamento de conflitos entre as partes envolvidas, sejam entre os próprios senhores feudais, sejam entre estes e os camponeses. Eis aí as regras que ditavam a relação entre capital e trabalho. E, também, a subordinação, inerente à relação entre o camponês e o senhor feudal, já que este claramente tinha largo poder sobre aquele. Tratava-se de uma típica relação de trabalho marcada, soberanamente, pela subordinação existente entre as partes.

Logicamente, um trabalhador daquela época não teria os mesmos direitos de hoje, ou dos que nasceram na Revolução Industrial. A situação era outra; e os direitos, também. Além disso, não se pode dizer que a relação existente entre o camponês e o senhor feudal fosse completamente livre, sem nenhuma regulação. Se havia regras, existia dirigismo na referida intersecção de interesses e, certamente, ali nascia o Direito do Trabalho. Logicamente, não igual ao que conhecemos hoje.

É por isso que boa parte da doutrina defende o surgimento do Direito do Trabalho como produto cultural do século XIX (Revolução Industrial), uma vez que as manifestações jurídico-trabalhistas do típico trabalho fabril e industrial, em momentos anteriores, tal como no feudalismo ou até o corporativismo, eram exceções. O Direito do Trabalho fundamentado na autonomia de vontade e na típica subordinação jurídica que hoje vivenciamos surgiu, só e efetivamente, com a Revolução Industrial[72].

Em todo o caso, pode-se dizer que, mesmo nos feudos, já estávamos diante de um empregado com excessiva subordinação (um pouco mais amena que a derivada do antigo direito de propriedade sobre o escravo). Talvez não como mais adiante, na Revolução Industrial, porém os elementos *liberdade* e *subordinação* faziam-se presentes, fatores necessários ao nascimento ou à relativa manifestação do Direito do Trabalho.

O mais importante, no entanto, é que, ao lado da submissão jurídica provocada pelas regras costumeiras da época, que impunham obediência do camponês ou do servo ao senhor feudal, havia também uma efetiva dependência econômica. Para o camponês sobreviver, comer e produzir, necessitava das terras (que não eram suas); portanto, mesmo que não houvesse subordinação artificial (criada pelo Homem por intermédio do Direito), teria a dependência natural e típica da relação de quem tem os meios de produção em face daquele que detém a força do trabalho.

---

(71) HUBERMAN, Leo, *op. cit.*, p. 8.
(72) DELGADO, Maurício Godinho, *op. cit.*, p. 86.

Assim, já podemos separar os períodos históricos. O primeiro, com o nascimento do trabalho; o segundo, que ocorreu justamente com a preponderância do modelo escravagista e do próprio trabalho juridicamente subordinado (relação de propriedade); e o terceiro, no feudalismo, caracterizado com o passar do tempo pelo trabalho livre do servo (relação de posse).

2.4. O início da subordinação no meio urbano

Muito embora passemos a estudar, doravante, o trabalho do homem fora do campo, não se pode afirmar que, antes do chamado "renascimento urbano" ocorrido na Europa do século XII, não havia vida nas cidades. Principalmente na Renânia e na Germânia, existiam núcleos de mercados, artesãos, homens de negócios e até bairros de mercadores. A transição do feudalismo para o início do sistema capitalista está compreendida entre os séculos XIV e XIX, e liga-se intimamente à adoção da fórmula do mercantilismo, via intervenção econômica do Estado nas mais diversas frentes mercantis (indústria, metal, agricultura e assim por diante)[73].

O mais importante dessa fase, na realidade, é que novamente, diante de uma crise, houve espaço para a preponderância de outros sujeitos trabalhistas, não mais ligados somente ao meio rural; mas, sim, ao urbano. O período marcou justamente a transição do mundo rural, eminentemente feudal, para o capitalismo que hoje conhecemos e que agora rege toda e qualquer relação havida em nossa sociedade atual. O início das corporações e da subsequente industrialização nos centros urbanos ocorreu por força de um movimento migratório dos camponeses aos centros urbanos.

Vários foram os fatores que levaram o sistema feudal à extinção. Em cada local, o declínio aconteceu por diferentes caminhos. Podemos citar o interesse que o mercado provocava a uma nova burguesia urbana, que via o sistema feudal como um obstáculo aos seus interesses comerciais. Ou, também, o benefício que o capitalismo percebia na formação de um mercado de trabalho livre, o que dificultava a fixação do camponês às glebas de terra para produção agrícola. Ou até o interesse do capital na aquisição de terrenos, sem que estes estivessem onerados pelos impostos feudais, bem como o próprio benefício fiscal do Estado, ciente de que a extinção da senhoria territorial aumentaria a capacidade tributária das terras que ficassem livres[74].

Em parte da Europa, por exemplo, a peste negra fez subir o valor da mão de obra alugada nas cidades e aumentar o ritmo da evolução da indústria[75]. A

---

(73) OLIVEIRA, Carlos Roberto, *op. cit.*, p. 57.
(74) WEBER, Max, *op. cit.*, p. 109.
(75) HUBERMAN, Leo, *op. cit.*, p. 48.

falta de trabalhadores, devido às milhares de mortes ocorridas, valorou a contraprestação pelo trabalho exercido e, por consequência, atraiu vários camponeses. Estes deixaram o campo e foram procurar ocupação mais valiosa e melhor recompensada nos centros urbanos — já que ali, no campo, não teriam qualquer chance de melhorarem sua condição de vida, já estagnada pelas características do próprio sistema feudal.

Não bastasse isso, *Leo Huberman* aponta mais um motivo de crise para o feudalismo:

(...) a liberdade estava no ar e coisa alguma detinha os camponeses em sua ânsia de conquistá-la. Quando ela não lhes era concedida de boa vontade, tentavam tomá-la pela força. Foi em vão que os senhores obstinados e a Igreja lutaram contra a emancipação. A pressão das forças econômicas foi grande demais para resistir[76].

Além disso, na época, começava a perambular pelo mercado uma moeda comum, da qual tanto os camponeses, quanto os cidadãos faziam uso. Como já visto, o sistema feudal começava a ruir, diante da inércia estrutural imposta àquele tipo societário e da vida nas cidades, que compensava financeira e socialmente, se comparada ao campo. Os próprios senhores feudais percebiam que o trabalho em parceria (quase escravo), como o era na estrutura feudal, não mais compensava, pois o servo, cultivando uma terra que não era sua, fazia-o de má vontade, sem produzir o máximo. Percebeu-se que seria melhor deixar de lado o trabalho tradicional e alugar o que lhe fosse necessário, mediante o pagamento de salários. Não só o senhor feudal, como o próprio camponês começava a se acostumar com o dinheiro; afinal, "... o mercado crescera tanto que qualquer colheita superior às necessidades do camponês e do senhor poderia ser vendida. Em troca, o camponês recebia dinheiro"[77].

A nova fase, decorrente da divisão do trabalho entre cidade e campo, foi, portanto, derivada de uma revolução dos trabalhadores, os camponeses, estagnados no campo pelo sistema feudal, que não lhes permitia qualquer crescimento ou ascensão social. Os trabalhadores rurais começaram a se mover para a cidade, dando início à produção industrial e às corporações de ofício, já iniciadas anterior e artesanalmente fora das cidades. As oficinas expandiram-se e instalaram-se nas cidades, livrando-os, aos poucos e cada vez mais, do antigo sistema feudal[78].

Assim, com tal transição, iniciou-se um novo padrão produtivo do capital com o trabalho, com as características que até hoje conhecemos do Direito do

---

(76) *Ibid.*, p. 43.
(77) *Ibid.*, p. 48.
(78) OLIVEIRA, Carlos Roberto, *op. cit.*, p. 71.

Trabalho. A servidão deu lugar ao trabalho artesanal, organizado em corporações. Agora, mesmo livres do sistema feudal, os trabalhadores passavam à subordinação jurídica, via contratos rigorosos, perante os mestres das corporações[79]. Era o início do atual sistema capitalista. Como bem ensina *Corina Luchía*[80], tal situação retrata a transformação do mundo antigo no atual, em que hoje vivemos:

> A expulsão dos aldeãos pobres de suas parcelas de terras cria uma vasta massa de campesinos marginalizados, o que produz um duplo efeito sobre a estrutura produtiva. Estes campesinos incorporam-se na mão de obra das incipientes indústrias rurais domiciliares. Deste modo, geram excedente comercial para os mercadores empresários que comprem os têxteis a baixo preço, que os vendem em mercados distantes, obtendo substanciosos benefícios que são a base da acumulação originária de capital da região. Por tal razão, a agricultura e a manufatura aparecem como duas atividades extremamente ligadas, que se complementam de maneira permanente.

Foi assim que surgiram as primeiras agremiações. O progresso das cidades e o uso do dinheiro deram oportunidade aos servos de abandonarem a agricultura e de viverem de seu ofício (manufatura). Os artesãos acabaram seguindo o exemplo dado pelos comerciantes e formaram corporações próprias. Todos os trabalhadores dedicados ao mesmo ofício, numa determinada cidade, formavam uma associação chamada *corporação artesanal*[81].

Antes mesmo de adentrar pela discussão sobre tais métodos de produção arcaica, mas urbana, vale lembrar que aí está mais uma característica de predisposição do Homem à subordinação. Sendo livre, o camponês na cidade poderia simplesmente ser independente, mas resolveu se juntar aos demais pares para formar uma entidade superior, a qual estaria juridicamente subordinado.

Pode-se dizer que as corporações tinham objetivos comuns, como a manutenção do "preço justo" para seus produtos e o *status* social de seus membros. Dentro das oficinas também já começava a se formar a subordinação efetiva e, nitidamente, a separação entre o detentor dos meios de produção (o capital) e o trabalhador. *Amauri Mascaro*[82], ratificando essa ideia exposta, ensina:

---

(79) CARDOSO, Jair Aparecido, *op. cit.*, p. 27.
(80) LUCHIA, Corina. *Aportes teóricos sobre el rol de la propiedad comunal en la transición al capitalismo*. Mundo Agr. [online]. jul./dic. 2004, vol.5, n. .9. Disponível em: <http://www.scielo.org.ar/scielo.php?script=sci_arttext&pid=S1515-59942004000200007&lng=es&nrm=iso>. ISSN 1515-5994. Acesso em: 04 dez. 2008: *"La expulsión de aldeanos pobres de sus parcelas individuales crea una vasta masa de campesinos marginales que tienen un efecto dual sobre la estructura productiva. Estos campesinos desposeídos se incorporan como mano de obra de las incipientes industrias rurales domiciliarias. De este modo generan excedente comercializable para los mercaderes empresarios que compran los textiles a bajo precio, a la vez que los venden en mercados distantes, obteniendo sustanciosos beneficios que son la base de la acumulación originaria de capital de la región. Por ello, la agricultura y la manufactura aparecen como dos actividades estrechamente ligadas, que se complementan de manera permanente"*.
(81) HUBERMAN, Leo, *op. cit.*, p. 53-54.
(82) NASCIMENTO, Amauri Mascaro. *Compêndio de Direito Sindical*. 5. ed. São Paulo: LTr, 2008. p. 66.

(...) as corporações ou grêmios, como também foram denominadas, tinham uma estrutura interna diferente da que os sindicatos viriam a ter. Uniam o que o sindicato separou. Como entes econômicos e profissionais, reuniam empregadores (mestres), trabalhadores (companheiros) e menores, os aprendizes, estes recebendo ensinamento metódicos de uma profissão.

Novamente estamos diante de uma clara distinção entre os dois polos da relação de trabalho, separados por uma subordinação inerente às características dos sujeitos. Em paralelo, e de forma superficial, já se podia verificar a mesma relação jurídica que persiste até hoje. De um lado, aquele que coordena e beneficia-se do trabalho (os mestres); de outro, o que vende sua força de trabalho (os companheiros).

Enquanto um detinha o poder, impondo provas e regras para o desenvolvimento da profissão e do próprio comércio, o outro trabalhava efetivamente, sob as ordens e supervisão do mestre. Eis aí outro traço da subordinação jurídica na relação de trabalho. Da mesma forma, a subordinação econômica sempre esteve presente, continuando na mesma intensidade desde os primórdios.

2.5. A subordinação ao sistema capitalista industrial

A evolução da economia artesanal para uma de escala, tal qual conhecemos no sistema capitalista, importa necessariamente na averiguação de algumas causas, chamadas por *Adam Smith* de "... causas do aprimoramento das forças produtivas do trabalho, e ordem segundo a qual seu produto é naturalmente distribuído entre os diferentes estratos do povo"[83]. A primeira razão para a evolução, segundo o autor, é a divisão do trabalho, fato que dá origem a outras causas da transição entre corporativismo e capitalismo.

A divisão do trabalho gera, em todos os ofícios, na medida em que se torna possível introduzir tal forma de gerenciamento da atividade, um aumento proporcional das forças produtivas de trabalho[84]. Onde se produzia, até então, apenas uma pequena quantidade, após o parcelamento das formas de fabricação, com a devida especialização de cada trabalhador num determinado ponto da linha produtiva, o resultado final aumenta bruscamente.

Mas tal divisão do trabalho, que traz grandes vantagens ao mercado (principalmente o aumento de produção e a diminuição do preço), é, antes de tudo, uma consequência necessária da própria natureza humana. Cabe ressaltar que esta tem incrustada em sua razão certo instinto cooperativista que leva a per-

---

(83) SMITH, Adam. *A riqueza das nações*. Tradução de Alexandre Amaral Rodrigues e Eunice Ostrensky. São Paulo: Martins Fontes, 2003. v. I, p. 7.
(84) *Ibid.*, p. 9.

mutar, trocar ou cambiar uma coisa pela outra, permitindo a cada homem adquirir todas as coisas produzidas no mercado pelo talento dos outros, de acordo com a sua necessidade. E essa prática não se vê em nenhum outro animal, mas tão somente nos seres humanos[85]. Portanto, a transição do antigo sistema para o ser (capitalista) nada mais foi que a natural evolução da sociedade e do próprio humano.

Mas, certamente, a divisão do trabalho ocorreu tão somente porque a extensão do mercado assim permitiu. Quando este era reduzido, não havia estímulo suficiente à dedicação exclusiva, já que a troca do excedente era praticamente impossível[86]. No passado, quando as pessoas viviam nos feudos, ou ainda quando havia trabalho artesanal, os mercados eram pequenos. Com a evolução e o crescimento, a necessidade modificou a antiga estrutura econômica. França e Inglaterra são dois exemplos de rompimento com o antigo regime: a expansão dos mercados que se seguiu à expansão colonial exigiu maior agilidade e produtividade nos sistemas industriais. E isso permitiu, inclusive, a ascensão política da burguesia[87].

Logicamente, com o aumento da produção, da extensão dos mercados e da necessidade de troca, o uso do dinheiro ficou mais evidente. Sua função, como meio geral de troca, tem origem no comércio exterior, o que provocou o início da atividade bancária e do monopólio do sistema monetário ao Estado, tal como ocorreu com o Banco da Inglaterra, em 1694[88]. Todos esses fatores, entre outros, foram conclusivos para a efetiva transição do sistema feudal ao capitalismo atual.

Foi assim o fim das corporações de ofício, que não mais eram compatíveis com os princípios do liberalismo econômico típico dos sistemas capitalistas, tal como ensina *Amauri Mascaro*, em sua obra:

> As corporações foram extintas por diversos motivos. Foram opressivas, motivo de revolta, nos séculos XV e XVI, dos companheiros contra os mestres detentores do poder corporativo. O liberalismo da Revolução Francesa de 1789 condenou a existência de corpos intermediários entre o indivíduo e o Estado, dos quais a corporação foi uma forma. Para ser livre, era o ideário liberal, o homem não poderia estar subordinado à associação, porque esta suprime a sua livre e plena manifestação, submetido que fica ao predomínio da vontade da instituição. Essa doutrina serviu de suporte para a extinção das corporações de ofício (...)[89].

---

(85) *Ibid.*, p. 18-22.
(86) *Ibid.*, p. 23-37.
(87) OLIVEIRA, Carlos Roberto, *op. cit.*, p. 74.
(88) WEBER, Max, *op. cit.*, p. 228.
(89) NASCIMENTO, Amauri Mascaro, *op. cit.*, p. 67.

Muito embora o capitalismo tenha surgido com o declínio das citadas corporações, sabemos também que essas instituições sobreviveram por anos, até que sua extinção fosse decretada de vez, tal como ocorreu com a Constituição do Império, no Brasil, em 1824⁽⁹⁰⁾. E o Direito do Trabalho, assim como hoje concebemos, nasceria justamente com a crise das corporações. O aumento das riquezas e da produção que visava ao lucro não permitia o controle que tais entidades corporativas exerciam sobre o mercado.

Aliás, o mercado, certamente, nunca teve rédeas fortes o suficiente para ser acalmado e domado. Sempre seguiu rumos próprios, independentemente do que pretendiam as corporações da época. O trabalhador industrial passou a integrar a massa do proletariado, sem mais qualquer intervenção do antigo sistema feudal, absorvido pelas regras e necessidades da maior produção e em busca de lucro[91]. A crise que abalou o sistema corporativista trouxe, efetivamente, à baila o capitalismo, provocando o fim do corporativismo, que não tinha chances de sobreviver com o liberalismo pregado, à época, pelos mercados capitalistas, ainda mais diante da Revolução Francesa.

Configuravam-se, daí por diante, os empresários típicos do sistema capitalista (empregadores), mantendo-se, como historicamente pode ser apontado, os trabalhadores efetiva e juridicamente subordinados (típicos empregados) que hoje conhecemos. O mercado e a busca incessante pelo lucro impunham novas visões, que se coadunavam exatamente com a linha dos ideais de liberdade do Homem e do comércio, ou seja, com o liberalismo do século XVIII.

O próprio sistema jurídico favoreceu a evolução capitalista. Como exemplo, podemos citar A Lei *Le Chapelier* (1791), na França, que proibiu as corporações[92], aproveitando, inclusive, para vetar qualquer tipo de associação ou

---

(90) BRASIL. Constituição Federal de 1824. Art. 179. "A inviolabilidade dos Direitos Civis, e Politicos dos Cidadãos Brazileiros, que tem por base a liberdade, a segurança individual, e a propriedade, é garantida pela Constituição do Imperio, pela maneira seguinte. (...). XXIV. Nenhum genero de trabalho, de cultura, industria, ou commercio póde ser prohibido, uma vez que não se opponha aos costumes publicos, á segurança, e saude dos Cidadãos. XXV. Ficam abolidas as Corporações de Officios, seus Juizes, Escrivães, e Mestres." Disponível em: <http://www.planalto.gov.br/ccivil_03/Constituicao/Constituiçao24.htm>. Acesso em: 5 dez. 2008.
(91) OLIVEIRA, Carlos Roberto, *op. cit.*, p. 80.
(92) *Article 8. All assemblies composed of artisans, workers, journeymen, day-laborers, or those incited by them against the free exercise of industry and labor, belonging to any kind of person and under all circumstances mutually agreed to, or against the action of police and the execution of judgments rendered in such connection, as well as against public auctions and adjudications of various enterprises, shall be considered seditious assemblies, and as such shall be dispersed by the guardians of the law, upon legal warrants made thereupon, and shall be punished to the fullest extent of the laws concerning authors, instigators, and leaders of the said assemblies, and all those who have committed assaults and acts of violence.* Disponível em: <http://chnm.gmu.edu/revolution/d/370/>. Acesso em: 2 out. 2008.

agrupamento profissional, o que também retardou o nascimento do sindicalismo efetivo. Favoreciam-se, assim, a liberdade econômica, o liberalismo, a indústria e, consequentemente, o lucro em si.

Essa liberdade (liberalismo), tanto do trabalhador, como do empregador, somada à subordinação que este último tem em face do primeiro, fizeram nascer o atual Direito do Trabalho, tal como hoje concebemos. Portanto, é só no século XVIII, já no período da Revolução Industrial, que se pode apontar o provável início do atual Direito do Trabalho. O elemento nuclear da relação de trabalho, principalmente da relação empregatícia, leva como base dois institutos: a *liberdade* (respeito à autonomia de vontade individual) e a *subordinação* (efetiva dependência ou regramento)[93].

Enquanto na Inglaterra ocorreu a Revolução Industrial, na França nasciam os princípios norteadores da dignidade humana, esculpidos na trilogia "liberdade, igualdade e fraternidade". A Revolução Francesa e a Industrial (Inglaterra) são duas faces da mesma moeda, que moldaram a história do Direito do Trabalho, fazendo parte de suas bases e de seu próprio objetivo principal. E, exatamente por isso, devem ser estudadas em conjunto. Na França, em 1789, criou-se a Declaração dos Direitos do Homem e do Cidadão, instituto jurídico que representava a declaração solene dos direitos naturais, inalienáveis e sagrados, não só dos cidadãos franceses, mas de toda humanidade[94].

Como se pudesse prever a atualidade, criou-se o que chamamos de *gerações* ou *dimensões dos Direitos Humanos* — a primeira (liberdades públicas), representada pela necessária omissão do Estado, uma proteção do indivíduo em relação ao governo, que deveria abster-se de provocar maldades aos semelhantes. A segunda (igualdade), representada pelos direitos tidos como sociais, ou seja, aquele mínimo necessário à inserção do Homem em sociedade, pela própria ação estatal, dessa vez a favor dos indivíduos. E, por fim, a terceira (fraternidade), representada por todos aqueles direitos transindividuais, que atingem não um indivíduo específico, mas toda uma coletividade.

Não cabe aqui adentrar a cada uma dessas esferas do Direito, mas certamente o conceito básico dos institutos da época, por ora, torna-se importante

---

(93) DELGADO, Mauricio Godinho, *op. cit.*, p. 85.
(94) DECLARAÇÃO DOS DIREITOS DO HOMEM E DO CIDADÃO DE 1789: "(...) Os representantes do povo francês, constituídos em ASSEMBLEIA NACIONAL, considerando que a ignorância, o esquecimento ou o desprezo dos direitos do homem são as únicas causas das desgraças públicas e da corrupção dos Governos, resolveram expor em declaração solene os Direitos naturais, inalienáveis e sagrados do Homem, a fim de que esta declaração, constantemente presente em todos os membros do corpo social, lhes lembre sem cessar os seus direitos e os seus deveres; a fim de que os actos do Poder legislativo e do Poder executivo, a instituição política, sejam por isso mais respeitados; a fim de que as reclamações dos cidadãos, doravante fundadas em princípios simples e incontestáveis, se dirijam sempre à conservação da Constituição e à felicidade geral". Disponível em: <http://pfdc.pgr.mpf.gov.br/legislacao-pfdc/docs_declaracoes/declar_dir_homem_cidadao.pdf>. Acesso em: 4 dez. 2008.

para entendermos o início do Direito do Trabalho, da autonomia de vontade e liberdade contratual, bem como sua evolução. Foram dessas premissas que surgiram ideais até hoje conquistados no Direito do Trabalho, tal como o respeito pela dignidade do trabalhador.

Nessa época, como já dito, pregava-se justamente a omissão do Estado na economia — eram as consequências lógicas do *liberalismo econômico* defendido na Revolução Industrial inglesa. E havia um início de ideologia que impunha ao homem (inclusive o trabalhador) certa importância como ser humano. A lei do mercado (oferta e procura) era a regra imposta ao próprio contrato de trabalho. Quando havia muita oferta de mão de obra, a contraprestação do empregador era, por consequência, baixa. Os salários já não valiam mais o mesmo de antigamente e começaram a se tornar irrisórios. A subordinação e a dependência entre capital e trabalho eram evidentes e ameaçavam os princípios básicos de sobrevivência e de dignidade do trabalhador. Começava a transformação do trabalho em emprego.

Foi assim que o momento tornou-se propício à criação do dito Direito do Trabalho atual. Alguns fatores foram importantes: liberalismo, subordinação, degradação do valor do trabalho e de princípios básicos de direito e dignidade, ideias de valorização humana e possibilidade de regras impostas pelo Estado com objetivo de regular as relações de trabalho. A criação de normas que amenizavam quaisquer revoltas, a ponto de não afetar a própria estrutura governamental e, ao mesmo tempo, aumentar os lucros dos empresários, foi uma linha de pensamento interessante a todos.

O atual Direito do Trabalho teve, aí, sua origem, lastreada justamente na efetiva intervenção estatal nos direitos tidos como sociais, minimamente necessários à sobrevivência do Homem em sociedade. Ou, nas palavras de *Maria Inês Moura da Cunha*[95], na necessidade de proteção e no estabelecimento de equilíbrio nas relações sociais, já que os sistemas, então estabelecidos, esmagaram a maioria dos que viviam em sociedade.

Assim, de tudo que vimos, é certo que a subordinação e o trabalho evoluíram continuamente, passando de uma subordinação caracterizada pela situação natural do Homem ao próprio Homem ou ao desconhecido, depois pelo direito de propriedade sobre o trabalhador (escravidão), para uma subordinação mais amena, apenas de posse sobre o camponês (feudalismo). E, então, atingiu um grau de subordinação mais contratual (corporativismo) e, ao final, a subordinação jurídica típica do vínculo de emprego (Revolução Industrial).

Em cada mudança podemos verificar que existiu uma crise que assolou determinada instituição, trazendo para o mundo a predominância de outros

---

(95) CUNHA, Maria Inês Moura S. A. da. *Direito do Trabalho.* 4. ed. São Paulo: Saraiva, 2007. p. 20.

conceitos, instituições e sujeitos. Nesse sentido, imperioso se faz verificar, doravante, o atual momento em que vivemos e justamente o porquê da tão falada crise de emprego no mundo. Cada período vivido pela subordinação nas relações de trabalho possui certas características que levaram a alterações significativas — inclusive as últimas três décadas do século XX, que também se tornou um momento adequado a mais uma mudança —, possibilitando a relativização ainda maior da subordinação.

Interessante notar que, enquanto as conquistas trabalhistas seguiam a regra da curva de *Gauss*, com início, apogeu e declínio, a subordinação efetiva do trabalhador àquele que organiza e beneficia-se da força de trabalho manteve-se numa constante. A conclusão mais lógica, portanto, leva-nos a verificar que a evolução das relações de trabalho é fortemente influenciada pelo sistema capitalista. Este objetiva fugir das regras protetivas e, ao mesmo tempo, manter um mínimo de sujeição da força de trabalho perante sua organização produtiva, tal como a diluição de grandes unidades empresariais e de empresas em rede, a redução de cargos e coesões, a terceirização e outros sistemas atuais[96].

Em regra, podemos verificar que há uma relativização jurídica dos poderes diretivo e hierárquico daquele que organiza e beneficia-se da força laboral, pela utilização de contratos e relações que ainda não estão protegidas pelo Direito do Trabalho, mantendo-se uma nítida forma de controle da força de trabalho pela subordinação real e efetiva (e não necessariamente jurídica). Tal situação acarreta o problema de violação às regras mínimas de proteção do trabalho, uma vez que permite a ampla autonomia de vontade entre sujeitos com forças desproporcionais. Isso resulta, por sua vez, em obrigações não corretamente valorizadas nas relações jurídicas que envolvem o trabalho, com desrespeito a direitos e a patamares mínimos até então conquistados.

---

(96) DELGADO, Mauricio Godinho, *op. cit.*, p. 41-53.

CAPÍTULO III

A SUBORDINAÇÃO NO SISTEMA CAPITALISTA

3.1. A subordinação na relação de trabalho pós-Revolução Industrial

Como ensina *Weber*, "... o capitalismo existe onde quer que se realize a satisfação de necessidades de um grupo humano, com caráter lucrativo e por meio de *empresas*, qualquer que seja a necessidade de que se trate"[97]. Tais necessidades resultam na produção de bens, que demandam um preço de custo, relativo às matérias necessárias à produção (incluindo aí o valor diário da força de trabalho) e a mais-valia, que gera o lucro. Este representa, por sua vez, o fruto do capital daquele que emprega determinados bens para produção e organiza certa atividade, sendo necessário levar em consideração o preço do produto (que representa o seu preço de custo e o próprio lucro pretendido) para se alcançar o respectivo valor[98].

Eis aí o problema do sistema capitalista: se o lucro tem origem na mais-valia, que por sua vez é produzida pelo emprego da força de trabalho, cujo valor faz parte do cálculo para se alcançar o preço do produto colocado à venda no mercado[99], o caminho mais fácil para se majorar a renda do capitalista não seria outro senão aumentar o valor da prestação a que estão obrigados os trabalhadores (força de trabalho) e manter ou até diminuir o mesmo valor da contraprestação a que estão obrigados os beneficiários daquela (remuneração).

Assim, de início, o capital obtém uma maior produção da mais-valia pelo simples prolongamento da jornada de trabalho, além da outrora necessária (não somente na questão da substituição do valor da força de trabalho, mas também para efetivo aumento do lucro). Entretanto, tal elastecimento da jornada tem um limite, quer seja temporal (24 horas), quer seja físico. Após, utiliza-se o capital de outros meios para aumentar a mais-valia, tal como a redução do salário abaixo daquilo que realmente vale. E ainda, quando possível, exige-se mais do trabalhador, num mesmo período de tempo[100].

Todas essas medidas violam a regra básica da comutatividade, esperada em qualquer relação jurídica de trabalho, uma vez que a prestação a que se

---

(97) WEBER, Max, *op. cit.*, p. 257.
(98) MARX, Karl, *op. cit.*, p. 15.
(99) *Ibid.*, p. 54.
(100) *Ibid.*, p. 54-56.

obriga o trabalhador começa a ficar mais valiosa que aquela a que se obriga o beneficiário da força de trabalho. Assim, provoca-se a exploração e, juridicamente, a lesão de uma das partes, o que, ao final, resulta em violações à dignidade do trabalhador.

É por isso que a busca pelo lucro resultou na indignidade do trabalho subordinado, que se baseava em excessivas jornadas de trabalho, na exploração das mulheres e dos menores, no alto índice de acidentes, em baixíssimos salários, na instabilidade de manutenção do emprego, entre outras características próprias da época[101]. Era o retrato da exploração efetiva da força de trabalho, para além daqueles valores realmente delimitados e moralmente exigíveis. Foram essas as condições para a evolução do Direito do Trabalho no início do século XX.

Nada como o egoísmo humano para projetar situações contra si mesmo. A busca pelo lucro foi exaustiva diante da ausência de regulação das relações de trabalho, permeada pela ampla liberdade de contratação e pela diferença de poderes lastreada na subordinação jurídica e intensa dependência econômica dos trabalhadores. Aliando tais fatos às ideias anarquistas e socialistas que envolviam a "questão operária" da época, a situação passou de um problema meramente social a uma questão política. Como contraposição ao liberalismo econômico e ao individualismo pregados à época, *Marx* e *Engels* formularam o *Manifesto Comunista*, propondo a extinção da sociedade capitalista e a reorganização societária para alcance da igualdade perfeita, o que afetava diretamente a concepção de governabilidade[102].

Somado a isso, ainda, pode-se citar o papel da Igreja Católica, que atuou fortemente a favor dos trabalhadores. Por intermédio de suas encíclicas (orientações), dirigidas aos seus seguidores e à sociedade em geral, que tinham por objetivo a defesa da dignidade do trabalho e sua efetiva valorização, tal como a *Rerum Novarum* (1891), de autoria do Papa Leão XIII[103], houve uma divulgação de ideias favoráveis à evolução do Direito do Trabalho. A Doutrina Cristã teve papel relevante na evolução deste ramo jurídico, principalmente no combate ao liberalismo[104], fator preponderante e que possibilitou o abuso por parte daqueles que detinham o poder.

Portanto, além dos trabalhadores, havia também uma importante instituição por trás, amparando a "questão operária". E não somente os trabalhadores,

---

(101) MARTINS FILHO, Ives Gandra da Silva. *Manual de direito e processo do trabalho*. 18. ed. São Paulo: Saraiva, 2009. p. 18.
(102) ZIMMERMANN NETO, Carlos F. *Direito do Trabalho*. Coordenador Edilson Mougenot Bonfim. São Paulo: Saraiva, 2005. p. 13-15. (Coleção Curso & Concurso)
(103) *Ibid.*, p. 15-16.
(104) CARDOSO, Jair Aparecido, *op. cit.*, p. 27.

além da própria Igreja, interessaram-se em resolver seus problemas. O próprio Estado também assim se ativou, ao permitir a criação de normas benéficas aos trabalhadores, evitando o caos e a revolução popular, que poderia enfraquecer as estruturas oficiais de poder. Logicamente, uma revolta popular, permeada por tais ideais, não era de interesse do Estado.

Foi assim que surgiram as primeiras leis de proteção relacionadas ao trabalho subordinado. Um caso foi o da Inglaterra, quando se limitou o trabalho infantil em 12 horas ao dia (1819), a sua idade mínima em nove anos na indústria têxtil (1833), o limite diário de 10 horas para o trabalho de crianças e de adolescentes (1847) e criou-se a lei de acidentes de trabalho (1897). Ou ainda, tal como ocorreu na França, onde foram criadas leis trabalhistas que proibiam o trabalho de crianças com menos de oito anos na indústria (1841) e que impunham limites na jornada de trabalho em 10 horas, em Paris, e 11 horas, no interior do país, entre outras[105].

Essa evolução, logicamente, teve percalços, como a crise de 1929, levando à desestabilização do mundo econômico e resultando em altas taxas de desemprego, atingindo pelo menos 25% da população ativa dos Estados Unidos, ou percentual ainda maior na Alemanha[106]. Mas nada impediu o crescimento dos direitos trabalhistas até sua efetiva maturação, numa época posterior à Segunda Guerra, de pleno desenvolvimento e crescimento econômico. Foi nesse auge que o emprego, regulado e protegido por normas jurídicas, despontou como o principal veículo de inserção do trabalhador na arena socioeconômica capitalista, visando afirmar a tal indivíduo um patamar mínimo de respeito e de afirmações individual, familiar, social e econômica[107].

Salientam *Mirta Lerena Misailidis* e *Maurício Marangoni*:

(...) os trabalhadores do mundo todo começaram a organizar-se a fim de criarem uma sociedade mais justa, em que cada um recebesse o quinhão de que necessitasse para ser realmente tratado com uma política social adequada[108].

E foi nesse sentido que o Direito do Trabalho conquistou regras importantes, como em matérias relativas à jornada de trabalho, aposentadoria por tempo de serviço, férias e até descanso semanal. Afinal, como salientam ambos, "... o Direito do Trabalho tornou-se, no correr dos séculos XIX e XX, tanto sob o ponto de vista social quanto econômico, o instrumento mais amplo de distribuição de renda no sistema capitalista".

---

(105) ZIMMERMANN NETO, Carlos F., *op. cit.*, p. 12-13.
(106) OLIVEIRA, Carlos Alonso Barbosa de. *Industrialização, desenvolvimento e trabalho no pós-guerra*. Economia & Trabalho: textos básicos. Campinas: UNICAMP, 1998. p. 5.
(107) DELGADO, Mauricio Godinho, *op. cit.*, p. 30.
(108) MARANGONI, Maurício José Mantelli; MISAILIDIS, Mirta Gladys Lerena Manzo, *op. cit.*, p. 7.

Tal crescimento aconteceu de forma linear, trazendo outros momentos de suma importância à concretização da ideia de dignidade no Direito do Trabalho, tal como a fase de Constitucionalização e a de Internacionalização do Direito do Trabalho[109]. São momentos históricos de nítida cristalização de regras favoráveis aos trabalhadores juridicamente subordinados, que necessariamente devem ser retratadas. Suas características perduram até hoje em várias culturas do mundo, inclusive no Brasil, e demonstram claramente o grau de conquistas alcançado pela humanidade no campo das relações de trabalho.

Tais acontecimentos, como dito, demonstram nitidamente o fortalecimento desse ramo do Direito no mundo como um todo. São marcas de uma vitória social que moldaram os institutos do Direito do Trabalho e influenciaram diretamente no conceito e na aceitação da própria subordinação, fonte dessa relação de trabalho historicamente protegida.

Nesse sentido, antes mesmo de se falar da criação da Organização Internacional do Trabalho (OIT), vale lembrar o 1º de maio, dia mundial do trabalhador, característica evidente da internacionalização do Direito do Trabalho. A origem remonta aos protestos ocorridos em Chicago (Estados Unidos), em 1886, um dos principais centros industriais da época. Milhares de trabalhadores tomaram as ruas, protestando por melhores condições. A repressão ao movimento foi dura, acarretando mortes e várias prisões[110]. A partir de então, a data foi instituída como o Dia Mundial do Trabalho, sendo reconhecido por vários países como feriado.

Um simples movimento operário norte-americano tomou tamanha proporção que abalou o mundo do trabalho, tornando-se símbolo de luta da classe trabalhadora. Isso demonstra claramente o rumo que se tomava na luta e na evolução pelo referido ramo do Direito. Foi o reconhecimento do valor internacional do trabalho pelo mundo.

Num grau ainda maior de desenvolvimento e de evolução do Direito do Trabalho, suas regras e princípios protetivos foram aos poucos sendo constitucionalizados. A importância desse processo deve-se às características das constituições que, em regra, significam um instrumento de organização fundamental do Estado, quer seja no aspecto social, quer no político, quer no econômico, quer até no jurídico. Muitos utilizam a expressão "organização jurídica fundamental", para demonstrar a importância desse ato normativo num determinado país[111]. As regras trabalhistas passaram de simples normas locais a princípios norteadores do sistema trabalhista desses países que assim procederam.

---

(109) MARTINS FILHO, Ives Gandra da Silva, op. cit., p. 19.
(110) Notícias do Tribunal Regional Eleitoral de Santa Catarina (TRE/SC), em 30/04/07. Disponível em: <http://www.tre-sc.gov.br/site/noticias/noticias-anteriores/lista-de-noticias-anteriores/noticia-arquivo/arquivo/2007/abril/artigos/dia-mundial-do-trabalho/index.ht ml >. Acesso em: 9 fev. 2008.
(111) FERREIRA FILHO, Manoel Gonçalves. Curso de Direito Constitucional. 17. ed. São Paulo: Saraiva, 1989. p.10.

Eis a importância do referido processo de constitucionalização, que teve início com a Constituição Mexicana, em 1917. Esta, por exemplo, regulou a jornada de trabalho (para oito horas), a jornada noturna (para sete), modificando até o limite de idade para o trabalho das crianças (mínimo de 12 anos)[112]. Logo veio a Constituição Soviética, em 1918, e a Constituição da República de Weimar (Alemanha), em 1919, caminhando no mesmo sentido[113]. Cristalizava-se, aí, uma tendência de inserir, no texto constitucional, alguns direitos de segunda dimensão, para proteção social dos indivíduos. O Direito do Trabalho, portanto, deixava de ser uma simples regra para se transformar numa diretriz de desenvolvimento das nações.

A constitucionalização dos direitos sociais, inclusive e especialmente os de natureza trabalhista, mostra-nos o grau de importância que tal ramo jurídico foi tomando com o passar do tempo, tornando-se irrenunciável ao próprio sistema capitalista. A evolução não somente consagrou o Direito do Trabalho como princípio básico de respeito pelos Estados, como também levou à internacionalização da ideia de se assegurarem os direitos sociais do trabalho no mundo inteiro, e não somente para um ou outro país isoladamente.

Somado a isso, em 1919, tivemos o Tratado de Versalhes. Seu objetivo principal era regular o fim da Primeira Guerra Mundial e acabou, por consequência, criando um organismo internacional voltado ao Direito do Trabalho. Desse mesmo acordo internacional surgiu a *International Labour Organization* (ILO); no Brasil, conhecida como OIT (Organização Internacional do Trabalho), que tinha por premissa maior o tratamento digno dos trabalhadores como única força capaz de manutenção da paz[114].

Em 1946, a OIT tornou-se a primeira agência especializada da Organização das Nações Unidas (ONU)[115], sendo hoje muito atuante em âmbito inter-

---

(112) Art. 123. *"El Congreso de la Unión, sin contravenir a las bases siguientes, deberá expedir leyes sobre el trabajo, las cuales regirán. A. Entre los obreros, jornaleros, empleados domésticos, artesanos y, de una manera general, todo contrato de trabajo. l. La duración de la jornada máxima será de ocho horas. 2. La jornada máxima de trabajo nocturno será de siete horas. Quedan prohibidas las labores insalubres y peligrosas para las mujeres en general y para los jóvenes menores de dieciséis años. Queda también prohibido a unas y otros el trabajo nocturno industrial, y en los establecimientos comerciales no podrán trabajar después de las diez de la noche. 3. Los jóvenes mayores de doce años y menores de dieciséis tendrán como jornada máxima la de seis horas. El trabajo de los niños menores de doce años no podrá ser objeto de contrato"*. Disponível em: <http://hc.rediris.es/05/constituciones/html/constituciones-mexico1917_4.htm>. Acesso em: 3 fev. 2008.
(113) MARTINS FILHO, Ives Gandra da Silva, *op. cit.*, p. 19.
(114) *Ibid.*, p. 19.
(115) *"The ILO was founded in 1919, in the wake of a destructive war, to pursue a vision based on the premise that universal, lasting peace can be established only if it is based upon decent treatment of working people. The ILO became the first specialized agency of the UN in 1946"*. Disponível em: <http://www.ilo.org/global/About_the_ILO/lang—en/index.htm>. Acesso em: 3 fev. 2008.

nacional, na regulação dos direitos trabalhistas na ordem mundial. A história do referido órgão é assim resumida, em seu *site* da *internet*[116]:

> A OIT foi criada pela Conferência de Paz após a Primeira Guerra Mundial. A sua Constituição converteu-se na Parte XIII do Tratado de Versalhes. Em 1944, à luz dos efeitos da Grande Depressão e da Segunda Guerra Mundial, a OIT adotou a Declaração da Filadélfia como anexo da sua Constituição. A Declaração antecipou e serviu de modelo para a Carta das Nações Unidas e para a Declaração Universal dos Direitos Humanos. Em 1969, em seu 50º aniversário, a Organização foi agraciada com o Prêmio Nobel da Paz. Em seu discurso, o presidente do Comitê do Prêmio Nobel afirmou que a OIT era "uma das raras criações institucionais das quais a raça humana podia orgulhar-se". Em 1998, foi adotada a Declaração da OIT sobre os Princípios e Direitos Fundamentais no Trabalho e seu Seguimento. O documento é uma reafirmação universal da obrigação de respeitar, promover e tornar realidade os princípios refletidos nas Convenções fundamentais da OIT, ainda que não tenham sido ratificados pelos Estados Membros. Desde 1999, a OIT trabalha pela manutenção de seus valores e objetivos em prol de uma agenda social que viabilize a continuidade do processo de globalização através de um equilíbrio entre objetivos de eficiência econômica e de equidade social.

Verifica-se que a evolução fez alterar não somente o mundo do trabalho, mas também o próprio objetivo da OIT. Percebeu-se que não adiantava lutar contra a evolução dos meios de produção, mas devia-se brigar pela coexistência do processo de globalização com a supremacia dos valores sociais do trabalho e da dignidade do trabalhador.

O mundo viu a cristalização e o apogeu do Direito do Trabalho (início do século XX), conquistado por anos e anos de luta e negociação entre empregados, empregadores e o próprio Estado, que acabou resultando, inclusive, na constitucionalização dos direitos dessa espécie e na criação de uma organização internacional específica. Alcançou-se o clímax, ou seja, a subordinação quase perfeita entre empregado e empregador, a qual, num momento de bonança, teve muita força para conquistar direitos importantes, além de fixar princípios relevantes e gerais, de clara influência na área laborativa, tal como os da dignidade humana[117].

Foi após esse longo período de conquistas trabalhistas que o mundo passou, e ainda vem passando, por crises sistêmicas que geram instabilidade econômica, agravando as condições de trabalho — o que é percebido nos tempos

---

(116) Organização Internacional do Trabalho (OIT). Disponível em: <http://www.oit.org.br/inst/hist/index.php>. Acesso em: 17 nov. 2008.
(117) DELGADO, Mauricio Godinho, *op. cit.*, p. 97.

atuais. A década de 70 marca o ponto histórico de decadência do Direito do Trabalho, com políticas empresariais visando fugir do protecionismo trabalhista até então cristalizado juridicamente. *Mauricio Godinho Delgado*[118] cita tal fase como a crise e transição do Direito do Trabalho, que abrange o final do século XX. As conquistas alcançadas aí, após a Revolução Industrial (principalmente após a Segunda Grande Guerra), não podem ser estendidas aos dias atuais, pois a situação é outra. A própria OIT percebeu isso, alterando significativamente seus objetivos, a fim de conciliar capital e trabalho numa evolução permanente[119].

A evolução das regras do Direito do Trabalho ocorreu exatamente no campo de incidência das chamadas relações juridicamente subordinadas de trabalho, ou seja, enquanto o Direito propunha-se a, cada vez mais, regrar as relações de emprego (derivadas da relação de trabalho juridicamente subordinado), o capital — ano a ano — utilizava-se de subterfúgios para escapar desse tipo de relação, tal como a descentralização empresarial (terceirização) ou a utilização de grupos empresariais. Isso provocou um desnivelamento do valor das prestações avençadas nas relações jurídico-trabalhistas e, por consequência, uma violação da dignidade do trabalhador que, em muitas ocasiões, sequer tinha proteção legal alguma.

Tanto é que muitos casos que deveriam ser específicos do Direito do Trabalho tiveram de ser resolvidos segundo a égide das leis comuns, tal como do próprio Direito Civil[120] (ramo originário), sendo retirada do âmbito especializado a tutela jurídica sobre as referidas relações. Certamente, tal situação interessava somente aos beneficiários da força de trabalho, uma vez que não estavam necessariamente presos às normas protetivas do Direito do Trabalho, culturalmente criado para proteger a parte economicamente mais fraca[121].

3.2. A relação de trabalho subordinado nos "Anos Dourados"

A melhor fase evolutiva do Direito do Trabalho aconteceu, no entanto, especialmente após a Segunda Guerra, numa época de reconstrução mundial e de crescimento constante das economias[122]. Foi quando a subordinação jurídica começou efetivamente a custar caro aos empregadores, que começaram a trilhar caminhos e políticas para fugirem do ônus. Em meados da década de 70,

---

(118) *Id.*
(119) Organização Internacional do Trabalho (OIT). Disponível em: <http://www.oit.org.br/inst/fund/objetivos.php>. Acesso em: 9 fev. 2009.
(120) MARANGONI, Maurício José Mantelli; MISAILIDIS, Mirta Gladys Lerena Manzo, *op. cit.*, p. 7.
(121) MARTINS FILHO, Ives Gandra da Silva, *op. cit.*, p. 37.
(122) OLIVEIRA, Carlos Alonso Barbosa de, *op. cit.*, p. 7.

no entanto, a bonança acabou. O mundo teve de enfrentar recessões, instabilidades econômicas, concorrência acirrada e internacional, entre outros fatores. Mas, ao mesmo tempo, precisava manter o compromisso social, especialmente nas áreas da saúde, da educação, da previdência e, acima de tudo, com o Direito do Trabalho, via regras protetivas de um período não condizente com o atual[123].

A crise desse período, iniciada com o problema do petróleo, demonstrou a fragilidade econômica, principalmente dos Estados Unidos, que até então ditavam as regras e dinamizavam a economia mundial, inclusive com auxílio financeiro a vários países. E também, com o fim da Guerra Fria, o motivo para o investimento em proteção social deixou de existir, tal como salientam *Mirta Lerena Misailidis e Maurício Marangoni*:

> O inimigo comum do Ocidente deixou de existir e com ele o investimento em proteção social como uma das formas de evitar a expansão do comunismo. A discussão da exclusão social no capitalismo reinante — em especial no pós-Guerra Fria e queda do Muro de Berlim — passou a ser retórica política dos Estados, de forma generalizada. A crise da década de 1970, em especial a oriunda da Crise do Petróleo, demonstrou a fragilidade do sistema monetário internacional — que até então gravitava na paridade ouro-dólar. Isso culminou com a sensível queda da produção industrial norte-americana, gerando a perda da capacidade de dinamização da economia mundial [124].

Analisando a história do mundo friamente, verificamos que o capitalismo evolui num movimento cíclico, de altas e baixas constantes. Em certos períodos, há bonança; em outros, recessão e instabilidade. A crise de 1929, que assolou o mundo inteiro, causando um grande número de desempregados, recessão e um desastre financeiro internacional, é exemplo disso. Qualquer semelhança com a crise americana que assolou (ou ainda assola) o mundo no início do século XXI[125] não é mera coincidência, mas tão apenas um movimento natural do mercado capitalista.

Como bem salientado por *Carlos Alonso Barbosa de Oliveira*[126], na década de 20, a economia capitalista caracterizou-se pela instabilidade, pelo baixo crescimento, por guerras comerciais entre nações e por fortes movimentos especulativos que desaguaram na grande crise de 1929, o que gerou desemprego em todo o mundo. Não havia realmente que se falar em conquista de direitos trabalhistas efetivos num momento de tamanha desordem mundial, o que somente ocorreu de forma efetiva após a Segunda Guerra.

No entanto, a situação de 1929 foi passageira e não atingiu a efetiva evolução do Direito do Trabalho — se verificado o período maior aqui compreendido

---

(123) PASTORE, José. *Trabalhar custa caro*. São Paulo: LTr, 2007. p. 19.
(124) MARANGONI, Maurício José Mantelli; MISAILIDIS, Mirta Gladys Lerena Manzo, op. cit., p. 16.
(125) Disponível em: <http://www1.folha.uol.com.br/folha/dinheiro/ult91u320606.shtml>. Acesso em: 9 fev. 2009.
(126) OLIVEIRA, Carlos Alonso Barbosa de, op. cit., p. 5-6.

(da Revolução Industrial até final do século XX) —, sendo mantida, então, a proteção das relações subordinadas de emprego. Várias foram as reações mundiais, inclusive nos principais países envolvidos na Segunda Grande Guerra Mundial. Tanto pelas nações mais democráticas, como, por exemplo, os Estados Unidos, como pelas vias antidemocráticas e mais conservadoras, tal qual a Alemanha nazista ou a Itália Fascista, o caminho percorrido foi o mesmo: diminuir o liberalismo econômico pregado até então, aumentando o poder do Estado sobre a economia, as finanças e os meios de produção[127], tal como ocorreu, inclusive, em época recente. Após a crise americana desse começo de século XXI, a principal ideia foi aumentar a intervenção estatal nos mercados financeiros e nas respectivas instituições. Um exemplo foi a intervenção de países europeus em várias instituições bancárias, no ano de 2008[128].

No entanto, a crise de 1929, como já dito, apenas interrompeu por alguns anos a evolução do Direito do Trabalho. Voltando ao passado, foi justamente após a Segunda Guerra Mundial que a economia deslanchou, promovendo taxas de crescimento altas e estáveis. A proteção dos economicamente dependentes, e também dos juridicamente subordinados, foi intensa nesse período, com conquistas e evolução altamente positivas aos trabalhadores.

A situação mundial de bipolaridade e de receio de uma nova guerra provocou vários planos mundiais de recuperação da economia, tanto na Europa, como em outros países. *Carlos Alonso Barbosa de Oliveira*, narra o seguinte quanto aos "Anos Dourados":

> Uma primeira característica a ser destacada no período é justamente esse estável crescimento econômico que faz com que os "Anos Dourados" sobressaiam na história do capitalismo, pois naquele momento os países capitalistas centrais passaram a crescer a taxas que atingiam quase o dobro daquelas verificadas em fases anteriores. No entanto, é preciso deixar claro que o crescimento econômico foi condição necessária, mas não suficiente, para que ocorressem aumentos de salário e do gasto público na área social[129].

Vencedor da Segunda Grande Guerra, os Estados Unidos conseguiram impor planos e condições ao mundo todo, inclusive o Estado do Bem-Estar Social (*Welfare State*), situação esta que ajudou a produzir resultados sociais consistentes, como o pleno emprego e a difusão do consumo em massa[130]. Foi nesse período que vingaram o Plano Marshall e as políticas keynesianas, que defendiam o Estado como agente do desenvolvimento econômico[131]. Nada melhor para o capitalismo que esses dois fatores. Pessoas comprando em grande quantidade e dinheiro no bolso dos consumidores, que são trabalhadores e

---

(127) Id.
(128) Disponível em: <http://www.euronews.net/pt/article/01/10/2008/concern-grows-in-the-eu-over-the-financial-crisis/>. Acesso em: 17 nov. 2008.
(129) OLIVEIRA, Carlos Alonso Barbosa de, *op. cit.*, p. 7-8.
(130) *Ibid.*, p. 6.
(131) MARANGONI, Maurício José Mantelli; MISAILIDIS, Mirta Gladys Lerena Manzo, *op. cit.*, p. 7.

recebem para tanto. Isso fecharia o ciclo capitalista. E melhor ainda para o Direito do Trabalho era ter muita gente empregada, segundo os moldes da típica relação derivada da subordinação jurídica (pleno emprego), devidamente protegida da diferença de poder que a dependência na relação organizada de trabalho produz na classe menos avantajada.

Ainda citando *Carlos Alonso Barbosa de Oliveira*, podemos dizer que o momento era realmente muito propício ao desenvolvimento pleno de uma estrutura jurídica que desse ênfase total à proteção do emprego. Pouco importava se outra crise capitalista viria ou não, e se as empresas e os Estados seriam capazes de reduzir os benefícios sociais trabalhistas até então concedidos.

No pós-guerra, as políticas de Estado não visavam somente o crescimento econômico, mas tinham por objetivo central a promoção do pleno emprego. A capacidade do Estado de controlar as taxas de juros e os gastos públicos permitiam retrações nas atividades que pudessem ser logo superadas, levando a economia ao pleno emprego. Naquele período foram grandes os ganhos de produtividade, dada a rápida incorporação de inovação tecnológica. Mas, ao contrário do que ocorre hoje, o rápido crescimento logo absorveria os trabalhadores eliminados pelo progresso técnico.[132]

Tabela 2
Taxas médias de desemprego
(% da população ativa)

	1921/29	1930/38	1950/59	1960/67	1960/73
Alemanha	9,2	21,8	4,9	0,8	0,8
EUA	51	14,5	4,5	5,0	4,6
França	3,8	10,2	1,8	1,5	-
Inglaterra	8,3	11,7	1,4	1,5	2,4
Japão	-	4,9	2,2	1,3	1,2
Suécia	14,2	15,8	2,2	1,6	2,2

A ação de Estado visando ao pleno emprego não se limitava às políticas monetárias e fiscais. A crescente tributação e o desenvolvimento de políticas sociais exigiam que o Estado criasse uma ampla burocracia, o que abria campo também para o surgimento de postos de trabalho no setor público. Ao mesmo tempo em que o Estado garantia a saúde, a educação, a habitação, o transporte coletivo, etc., tornava-se também um grande empregador. O rápido crescimento econômico, as políticas de pleno emprego e a intervenção estatal e sindical garantiam que a renda do trabalhador se tornasse estável e crescente. (...) Aparentemente, o capitalismo teria passado por um processo civilizatório superando suas próprias mazelas.

---

(132) OLIVEIRA, Carlos Alonso Barbosa de, *op. cit.*, p. 13-14.

Pelo gráfico citado, percebe-se que o desemprego deixou os patamares altíssimos da década de 20, passando a percentuais ínfimos, em 70, aqui tido como o momento auge do Direito do Trabalho. A relação subordinada laboral obteve êxito considerável na proteção dos trabalhadores. Esse também pode ser considerado o marco inicial do seu declínio.

As condições, portanto, eram plenamente favoráveis ao desenvolvimento do Direito do Trabalho e da proteção dos próprios trabalhadores. Havia dinheiro suficiente girando no mercado para ceder às pressões sindicais — que, na época, tinham considerável representatividade — via aumento real de salários, taxas mínimas de desempregados, e assim por diante. No entanto, o capitalismo é cíclico; e a fase de crescimento linear, sem concorrência e com produtos rentáveis estava no fim. Os "Anos Dourados", infelizmente, não foram eternos. E a dependência econômica entre capital e trabalho, ao contrário da subordinação meramente jurídica, manteve a mesma intensidade.

3.3. A crise do trabalho subordinado típico

Essa situação não perdurou por muito tempo, chegando ao fim em meados dos anos 70, trazendo consequências complexas para o mundo do Direito do Trabalho. A partir dessa data, não havia mais que se falar em estabilidade econômica e em crescimento contínuo do mercado. Com a redução das taxas de crescimento e a revolução tecnológica, o desemprego aumentou e, por conseguinte, as hierarquias de trabalho e administrativas começaram a encolher[133].

Muito embora a variação do crescimento mundial e as crises econômicas tenham sido constantes até em momentos anteriores ao citado, principalmente no que diz respeito ao período posterior ao surgimento do capitalismo, é certo que, de 70 em diante, outras características marcaram o mundo, tal como a globalização, trazendo fatores desencadeantes da crise do emprego. Esta, segundo *Mauricio Godinho Delgado*, corresponde a uma fase do sistema capitalista, centrada no final do século XX.

(...) que se caracteriza por uma vinculação especialmente estreita entre os diversos subsistemas nacionais, regionais e comunitários, de modo a criar como parâmetro relevante para o mercado a noção de globo terrestre e não mais, exclusivamente, nação ou região[134].

Com o início da globalização e com as crises da década de 70, não havia mais possibilidade de a economia mundial continuar sendo sustentada artificialmente, pelas mãos norte-americanas. A produção de moeda sem lastro e a

---

(133) OLIVEIRA, Carlos Alonso Barbosa de, *op. cit.*, p. 15.
(134) DELGADO, Mauricio Godinho, *op. cit.*, p. 12.

política de financiamentos pelos EUA chegava ao fim. Como bem ensina o Professor *Wilson Cano*, o "... modelo norte-americano de desenvolvimento entrou em esgotamento".

Após a Segunda Guerra Mundial, os Estados Unidos financiaram a reestruturação da Europa e de outros países, que conseguiram reconstruir seus sistemas de produção. A partir dos anos 1960, os Estados Unidos começaram a perder espaço, as exportações caíram e houve problemas fiscais e de endividamento. Nos anos 1970, o modelo norte-americano de desenvolvimento entrou em esgotamento[135].

Logicamente, esse processo de exportação de capitais, iniciado após a Segunda Grande Guerra, não seria eterno. Os Estados Unidos não teriam como, indefinidamente, enviar dólares ao exterior e continuar, da mesma forma, estáveis e com grande acúmulo financeiro. Tais fatores foram preponderantes à desaceleração da renda e do emprego, que são os grandes pilares que sustentam o desenvolvimento positivo do Direito do Trabalho. Citando novamente *Carlos Alonso Barbosa de Oliveira*[136], podemos verificar que as consequências dessa situação ao Direito do Trabalho são nefastas.

A partir dos anos 1970, com a redução das taxas de crescimento e a revolução tecnológica, o desemprego aumentou e, consequentemente, as hierarquias de trabalho e administrativas começaram a encolher. As relações de trabalho passaram a ser progressivamente flexibilizadas e o mercado de trabalho desregulamentado. Ocorreram também mudanças nos contratos de trabalho e na estabilidade do emprego.

Tentava-se, desde aquele momento, adaptar as regras que envolviam o trabalho à volatilidade do mercado, fugindo, aos poucos, da típica relação subordinada de trabalho (aquela imposta pelo próprio direito), que externava características de alto custo e baixa adaptação às necessidades empresariais diante do mercado. As alterações foram, e ainda continuam, evidentes. As empresas, cada vez mais, criam ideias e circunstâncias para não se submeterem às regras do Direito do Trabalho, mantendo o controle da situação não mais pela subordinação tipicamente jurídica; mas, sim, pela dependência — geralmente econômica — que sempre manteve o mesmo grau de incidência nesse tipo de relação jurídica organizada e derivada do trabalho com o capital. Nessa nova estrutura empresarial das relações de trabalho, não se pode querer enquadrar todos os trabalhadores como empregados, uma vez que novas modalidades de contratos crescem a uma velocidade surpreendente[137].

---

(135) CANO, Wilson. *Políticas econômicas e de ajuste na América Latina*, Economia & Trabalho: textos básicos. Campinas: UNICAMP, 1998. p. 36.
(136) OLIVEIRA, Carlos Alonso Barbosa de, *op. cit.*, p. 16.
(137) PASTORE, José, *op. cit.*, p. 104.

Esse é justamente o problema que se nota no Direito do Trabalho. Outros sujeitos subordinados, não necessariamente perante as instituições da relação de emprego, cada vez mais, surgem no sistema mundial capitalista. Tanto o é que se verifica uma decadência global nas relações subordinadas (juridicamente), tal como ocorreu na Austrália, na Inglaterra e na Espanha, nas décadas de 80/90[138]. São novos contratos, minimamente subordinados, muitos dos quais formalmente lícitos e sequer regulados pela legislação tradicional; isso resulta, em muitos casos, na violação aos direitos mínimos fundamentais do trabalhador. A provável saída para manter-se não só uma proteção mínima aos trabalhadores, mas também à saúde e à comutatividade da relação capital e trabalho é a inclusão de outro foco de proteção — o trabalho subordinado (gênero).

A explicação desse percalço histórico do Direito do Trabalho, que centrava proteção na típica relação de emprego, envolve vários fatores, dentre eles alguns que se destacam: a instabilidade econômica resultante do fim das políticas intervencionistas de Estado até então existentes[139]; a constante, massificadora e impositiva concorrência no mundo globalizado[140] e, por fim, a queda nos preços reais das *commodities* em um longo período de mais de 30 anos[141].

O primeiro fator, que diz respeito ao fim da estabilidade quanto ao crescimento econômico, é muito importante para retratar a atual situação. A partir dessa época, ninguém mais tinha certeza de crescimento. Ele poderia ser alto em alguns anos; e muito baixo, em outros. A contínua e brusca oscilação do mercado abalou definitivamente a evolução quanto às conquistas a favor dos trabalhadores. Não bastasse, a concorrência até então não era bastante árdua e abrangente como a que vivemos desde a década de 70. Tornou-se internacional, e não mais somente local. As empresas passaram a ter o mundo todo como mercado, e também o mundo todo como concorrente. E, por fim, a evolução negativa dos preços reais das *commodities* determinou a diminuição da margem de lucro e, por consequência, a busca do capital por outros caminhos para alcançar a mais-valia, anteriormente vislumbrada pelas empresas. Se, por um lado, a baixa de preços era favorável ao consumidor, portanto, ao trabalhador (que era também consumidor); por outro, é certo que a situação somente fez cair ainda mais as suas conquistas no campo trabalhista, já que os produtos não tinham mais a margem de lucro esperada.

---

(138) *Ibid.*, p. 24.
(139) OLIVEIRA, Carlos Alonso Barbosa de, *op. cit.*, p. 15.
(140) MORATO, João Marcos Castilho. *Globalismo e flexibilização trabalhista*. Belo Horizonte: Inédita, 2003. p. 42.
(141) GALVAO, Olímpio J. de Arroxelas. *Globalização e mudanças na configuração espacial da economia mundial*: uma visão panorâmica das últimas décadas. Rev. econ. contemp. Rio de Janeiro, 2007. v. 11, n. 1. Disponível em: <http://www.scielo.br/scielo.php?script=sci_arttext&pid=S1415-98482007000100003&lng=&nrm=iso>. Acesso em: 10 out. 2008.

Portanto, de um lado, desde a Revolução Industrial, temos uma linha crescente de proteção aos direitos do trabalhador, partindo de regras simples e esparsas, até a constitucionalização dos direitos sociais e, por fim, à internacionalização do próprio Direito do Trabalho e de suas ideias de dignidade e de protecionismo. Tal situação acomodou-se perfeitamente à condição econômica da época. De outro lado, temos o fim dos "Anos Dourados", que se poderia classificar como o ponto auge da conquista trabalhista, uma vez que, com o fenômeno da globalização e da crise do capitalismo até então vivido, mudou-se a cara da economia mundial. Antes vivíamos em mercados fechados, regionalizados, que podiam controlar o preço das mercadorias conforme suas necessidades e custos, via de regra, sem grandes oscilações do mercado e, inclusive, sem a concorrência internacional.

Pouco importava se, no Leste Europeu, um trabalhador ganhasse metade do salário que o trabalhador brasileiro recebia, ou um terço do salário de outro empregado na Alemanha[142]. Os mercados, até a globalização, praticamente não se comunicavam, pois o preço de acesso do mercado exterior era alto e, certamente, não compensava à maioria. Agora, no entanto, vivemos num mundo em que um produto produzido na China pode custar menos do que o produzido em outro ponto qualquer, completamente distante e diferente de onde seria vendido. Tal preço, em tese, pode ser estendido a qualquer lugar do globo. Há uma concorrência direta entre os mercados internacionais, o que produziu efeitos nefastos para economias antes completamente regionalizadas.

Olímpio Galvão, discorrendo a respeito da globalização, assim define o primeiro ponto (instabilidade econômica), relacionado aos três fatores acima indicados. Quanto à excessiva oscilação do crescimento da economia mundial, seu texto demonstra que, embora haja uma tendência positiva, a variação é muito grande e prejudicial ao Direito do Trabalho.

> Embora apresentando uma tendência crescente de longo prazo, foi bastante oscilante o comportamento das taxas médias anuais de crescimento da economia mundial, com valores variando entre 1% e quase 7% (...). Esses dados, por revelarem apenas o desempenho da economia mundial como um todo, deixam implícita a enorme margem de oscilação do crescimento entre as grandes regiões do mundo e os países isoladamente (...)[143].

A situação de instabilidade num regime de regras fixas e inalteráveis, como acontece na subordinação relacionada ao instituto do emprego, pode trazer

---

(142) PASTORE, José, *op. cit.*, p. 161.
(143) GALVAO, Olímpio J. de Arroxelas, *op. cit.*, p. 63-70.

complicações graves à vida empresarial, pois acarreta fortes prejuízos em determinados períodos, que poderiam levar empresas à bancarrota.

Não bastassem as fortes oscilações da economia, não mais estamos trabalhando com mercados regionalizados, sem competidores fortes. Compete-se, em qualquer lugar da Terra, com outras empresas, distantes ou próximas. *Olímpio Galvão* demonstra claramente que houve um aumento expressivo da interdependência econômica das nações de todo o mundo.

As últimas décadas registraram uma extraordinária expansão do comércio internacional de bens e serviços (...), resultado do aprofundamento dos processos de globalização e propiciando expressivo aumento na interdependência econômica das nações de todo o mundo. Essa expansão, todavia, também ocorreu de forma extremamente desigual entre as grandes regiões e países dos vários continentes. Como o comércio internacional é visto, cada vez mais, como um poderoso mecanismo de elevação da produtividade dos recursos produtivos, de promoção do crescimento econômico e de avanço na esfera social, diferenças significativas nos níveis de inserção das economias nacionais nos fluxos mundiais de bens, de serviços e de tecnologia estão constituindo também uma fonte de enormes disparidades internacionais de crescimento econômico e de níveis de bem-estar [144].

Hoje, não basta mais se alcançar o mercado interno. Com o fim de aumentar a produtividade e o faturamento, devem as empresas alcançar o mundo, os demais países consumidores. Em muitos casos, até, a produção deve ser praticada no próprio exterior, inclusive no caso de prestação de serviços fora daquela sede principal, até então onde as atividades concentravam-se. Os produtores ou prestadores de serviços acostumados a determinarem seus preços, de uma hora para outra, com as facilidades de comunicação e de transporte trazidos pela globalização, tiveram de se adaptar às regras de um mercado internacional, amplamente concorrente.

Tal fator, logicamente, causou outro resultado inesperado aos detentores dos bens de produção: a diminuição dos preços de seus produtos ou serviços, o que gera uma menor margem de lucro e leva o capital a procurar outros meios de aumentar a renda. Ainda completa Olímpio Galvão, fazendo a seguinte observância:

---

(144) GALVAO, Olímpio J. de Arroxelas, *op. cit.*, p. 63-70.

Gráfico 5: Taxas de juros reais mundiais de longo prazo(%)

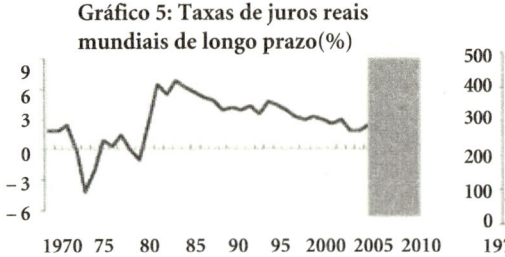

Gráfico 6: Preços reais das commodities(1995=100)

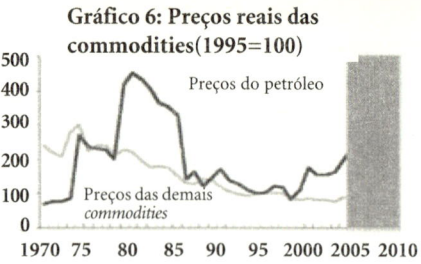

Fonte (incluindo metodologia de coleta e computação dos dados): *Word Econmic Outlook*, IMF (2005). A área hachurada corresponde à projeção do FMI para o período 2005-2010.

O gráfico (...) do conjunto aqui apresentado mostra a evolução dos preços reais das *commodities* em um longo período de mais de 30 anos. As informações constantes nesse gráfico apontam para dois fatos muito relevantes. O primeiro é o da forte oscilação dos preços do petróleo e da tendência crescente desses preços nos anos recentes, sugerindo os riscos a que estão permanentemente submetidos os países dependentes de importações dessa *commodity*. O segundo fato, ainda mais importante, é o da tendência de longo prazo dos preços das outras commodities que não o petróleo. A despeito de tais preços revelarem uma oscilação bem menor do que o petróleo, pela razão óbvia de que o gráfico mede o comportamento médio de um grande número de produtos e não apenas o de uma única *commodity*, a linha de tendência de longo prazo dos preços de todas as outras *commodities* revela claramente uma firme e inquestionável direção: o declínio sistemático, quase linear, dos preços dos produtos primários comercializados no mercado internacional[145].

A característica de baixa de preços dos produtos pode ser ótima ao consumidor, mas é péssima ao trabalhador que conseguiu conquistar muito de seus direitos devido à relativa estabilidade econômica que uma economia regionalizada, sem muitas oscilações, permitia à época.

A partir do momento em que a globalização assolou o mundo, a situação da relação de emprego alterou-se. Afinal, retirou-se dos detentores de capital a estabilidade e a imunidade de concorrência internacional em que até então viviam as empresas. Somando-se isso à tendência cada vez maior de baixa das *commodities*, a relação de emprego fragilizou-se ainda perante o capital, que passou a especular formas mais baratas de trabalho subordinado e sem a rigidez da proteção do emprego.

Foram esses, portanto, os fatores desencadeantes da crise atual do emprego, que, como já dito anteriormente, não deixará de existir, mas talvez passe a ser secundário no futuro, diante da preponderância de outros tipos contratuais. Certamente, por isso, surgirão novos tipos de atores globais, como de fato já

---

(145) GALVAO, Olímpio J. de Arroxelas, *op. cit*, p. 63-70.

existem. Muitos deles estão devidamente inseridos numa relação de trabalho cuja característica talvez seja a autonomia de vontades, a ausência de regulação e a dependência — possivelmente econômica (portanto, com possibilidade de abusos e de desrespeitos à comutatividade das prestações esperadas para a relação) — e não mais a simples subordinação jurídica atualmente considerada.

O que se espera é que essas relações de trabalho genericamente subordinadas sejam também reguladas conforme as novas sistemáticas do mercado, pois, mesmo não subordinadas juridicamente (via relação de emprego), são dependentes de alguma forma (via de regra, economicamente); portanto, passíveis de abusos por parte de quem detém o poder de negociação (capital). A regulação via ampliação da proteção do trabalhador no Direito do Trabalho, certamente, poderá acomodar maior respeito ao princípio da dignidade mínima do trabalhador, com a manutenção do valor de sua força, mantendo-se a comutatividade das prestações avençadas pelas partes, seja individual, seja até coletivamente.

3.4. Estatísticas das atuais relações subordinadas de trabalho

As estatísticas do mundo do trabalho são importantes para se comprovar a crise do atual sistema protetivo do Direito Laboral. Os fatores antes citados levaram o mundo a uma situação degradante no que concerne às relações do Direito do Trabalho tipicamente subordinado — o único efetivamente protegido (ao menos no Brasil). Os apontamentos descritos a seguir mostram a crise que o emprego enfrenta, e a forma como o capital vem alterando a subordinação jurídica dessa relação para se adaptar aos novos tempos. Portanto, antes de prosseguirmos com o estudo, a publicação de alguns dados é imperiosa.

O senso realizado em 2007, pelo Instituto Brasileiro de Geografia e Estatística (IBGE)[146], mostra, no Brasil, cerca de 190 milhões de pessoas. Desse total da população brasileira, 159 milhões está em idade ativa (cerca de 10 anos ou mais), ou seja, aqueles indivíduos que estão disponíveis para a vida produtiva e, por isso, podem participar da economia e gerar renda. Desde já é preciso ressaltar que não se pretende ingressar, aqui, na questão do menor de idade, se este pode ou não trabalhar, e assim por diante. O objetivo é apenas demonstrar a situação atual do Brasil, o dia a dia do mercado de trabalho, manuseando os dados para se alcançar uma base fática suficiente para conclusões lógicas.

Do total dessa população citada no parágrafo anterior, temos as Pessoas Economicamente Ativas (PEA), que estão trabalhando durante todo o período da semana de referência ou pelo menos em parte dele (Pessoas Ocupadas — PO), ou as que procuram trabalho (Pessoas Desocupadas — PD). E temos tam-

---

(146) Pesquisa Nacional por Amostra de Domicílios: síntese de indicadores 2007/IBGE. Rio de Janeiro: IBGE, 2008.

bém aquelas não economicamente ativas (PNEI), que não trabalham e sequer estão procurando trabalho[147]. A soma das pessoas ocupadas e das desocupadas, no Brasil, representa 98 milhões (62%) de indivíduos. São os inseridos no mercado de trabalho; uns gerando renda ou trabalho (90 milhões ou 57,0%), e outros desocupados, somente à procura (8 milhões ou 5,1%)[148].

A taxa de desocupação no país (proporção de pessoas desocupadas no total das economicamente ativas) atinge a quantidade de 8,2% — praticamente igual a de 2006 (8,4%), se comparadas as mesmas pesquisas realizadas. Nesse caso, não estamos falando ainda de desemprego, mas de completa falta de trabalho, seja como empregado, seja como autônomo, seja em completa informalidade[149]. Vamos trabalhar, portanto, com as pessoas economicamente ativas (PEA) e ocupadas (PO), ou seja, os cerca de 90 milhões de trabalhadores anteriormente citados. Desse total, apenas o montante de 32 milhões de pessoas, ou seja, a parcela correspondente a 35,3% da população ocupada, possui carteira de trabalho assinada. Repita-se: apenas pouco mais de um terço de nossos trabalhadores tem vínculo de emprego, com a subordinação que a lei confere de proteção (art. 3º da CLT)[150].

Ainda, somados a estes, temos um contingente de 19,2 milhões de pessoas trabalhando por conta própria (sem vínculo de emprego efetivo), ou seja, 21,2% do total de ocupados (PO). As regiões Norte e Nordeste apresentaram índices ainda maiores, com 25% desse total. Nesses locais, está a maior taxa de analfabetismo (19,9%) do Brasil. Há ainda os militares e os funcionários públicos, 6,2 milhões de pessoas (6,8%); estes devidamente protegidos pela legislação, formalmente contabilizados e devidamente registrados e segurados[151].

Cumpre apontar que, no ano de 2007, apenas 46,1 milhões de trabalhadores brasileiros contribuíram para a previdência oficial (50,7% da PO), independentemente das suas características (funcionário público, trabalhador da iniciativa privada com carteira assinada ou outros sem registro), com leve acréscimo se comparado a 2006 (48,8% apenas)[152].

Ora, considerando tais dados, temos um surpreendente número de pessoas na informalidade. Muito embora tenha ocorrido um aumento no percentual das pessoas que possuem vínculo de emprego desde 1997, se comparadas ao censo de 2007, percebemos que a informalidade e o custo do emprego emperram uma melhor evolução desses dados. Para se ter uma ideia do alto custo do trabalho, a desagregação por grupamento de atividade de trabalho principal

---

(147) Id.
(148) Id.
(149) Id.
(150) Id.
(151) Id.
(152) Id.

mostrou que a administração pública foi a que registrou o maior percentual de contribuintes (85,8%), pois é justamente nesse grupo que a maior parte dos trabalhadores tem contrato formal com seu empregador[153].

Ao contrário, partindo para a iniciativa privada, a situação é distinta. Nas atividades agrícolas, por exemplo, o índice de contribuição alcança a pequena fatia de 15,4% dos trabalhadores. Nas práticas domésticas, o fato repete-se, com um recolhimento para apenas 30,4%; no setor de construção, da mesma forma, apenas 32,6% das pessoas efetuam recolhimentos ao Instituto Nacional de Seguro Social (INSS)[154]. A situação agrava-se cada vez mais, quando verificamos que, considerando os principais representantes dos trabalhadores — os sindicatos —, temos apenas 16 milhões de associados às referidas entidades, ou seja, 17,7% da população ocupada.

A relação de emprego, além de estar em baixa, caiu em descrédito, de forma a afugentar até as efetivas representações sindicais. Aliás, a representatividade, provavelmente pela crise do emprego, é um mal que os sindicatos vêm passando há anos.

Conclusão: em se tratando de uma previdência pública e obrigatória, temos praticamente metade da população trabalhando de maneira informal, provavelmente sem um mínimo de proteção previdenciária. Isso nos leva a presumir, também, que o mesmo ocorre com os direitos trabalhistas. Os números são assustadores, mas não deveriam ser assim, por uma simples razão: essa realidade retrata exatamente o nosso dia a dia, com o qual nos deparamos efetiva e exaustivamente.

Quando contratamos um jardineiro para arrumar o jardim da frente de casa, ou o encanador para aniquilar com uma goteira na cozinha, certamente estamos lidando com trabalhadores sem qualquer tipo de proteção. São pequenos exemplos costumeiros que comprovam o que aqui se expõe. Somente não aceitamos tal ideia, porque muitos do que estudam ou tentam achar uma solução para esse caos não estão na informalidade e não retratam a maioria. Por isso, não conseguem sentir a realidade.

Os juízes, que comumente julgam casos desse tipo, possuem vínculo formal com o Estado e todas as proteções legais (inclusive estabilidade e remuneração acima da média). O Poder Legislativo é formado por pessoas com trabalho formal — que geralmente possuem um nível financeiro mais elevado. Estes, além dos salários altos e garantidos mensalmente, em regra, possuem outras atividades profissionais. Os trabalhadores chamados a se manifestarem, e que têm alguma chance de expor tais problemas em fóruns oficiais de discussão ou entidades governamentais, na sua maioria, são empregados formais, que não têm

---

(153) Id.
(154) Id.

pleno e efetivo interesse na situação dos informais. Ademais, quando não estão em posição de representatividade coletiva, ou não têm voz, ou se têm, o medo e a busca pela manutenção do emprego imperam.

E, por fim, temos a parte que representa o capital: as empresas. Os empregadores que possuem voz são as grandes multinacionais ou os conglomerados empresariais, que não sofrem — em regra — com o mal da informalidade, já que possuem força financeira e estrutura suficientes para solucionarem o problema. Estes, aliás, lutam contra a formalidade por meio de engenharias jurídicas das mais diversas ou, se o caso, mudando de endereço, para o local em que o trabalho seja mais barato.

Os micros, pequenos e médios empresários, que sofrem com o custo da relação de emprego e não têm para onde, nem como, fugirem não têm voz nessa esfera de reivindicações. Quem está do lado de dentro não consegue ver nitidamente o que acontece no interior. E quem está do lado de fora não consegue se fazer ouvir, o que resulta na manutenção desse quadro de informalidade e de ausência de proteção no trabalho, que se agrava com o tempo.

Tudo isso causou uma necessária transformação no mundo do trabalho, especialmente nos sujeitos envolvidos. Eles, agora, são diversos e com características interessantíssimas, antes não previstas na legislação ou sequer reguladas pelo Direito. Interessante citar um texto de *José Pastore* a respeito, publicado em 2007:

> O Encolhimento do Mundo do Emprego e da Expansão do Mundo do Trabalho — A revolução tecnológica, a globalização da economia e a reestruturação dos modos de produzir e vender estão provocando um rápido encolhimento do mundo do emprego, e uma forte expansão do mundo do trabalho, em especial, do trabalho independente. No Brasil, há 57% da força de trabalho na informalidade. A metade tem vínculo empregatício; a outra, é provada pelas mais variadas formas de trabalho independente[155].

Certamente uma observação quanto à fala de Pastore é importante: boa parte, talvez a maioria desses 57% da força de trabalho, não seja independente. Possui, ao contrário, grande dependência (subordinação). Mas não são trabalhadores juridicamente subordinados, tal qual o sentido da legislação gostaria que fosse. Isso, sim, é um problema ao Direito do Trabalho e ao pleno emprego, que exige reformas imediatas. É essa a situação que vivemos hoje, no Brasil. Por isso, a pertinência em se pensar nos novos atores globais e na revolução do mundo do trabalho, a fim de modelar a transformação do próprio Direito do Trabalho. Provavelmente aquela velha regra do vínculo de emprego esteja se alterando. Novos sujeitos vêm surgindo: os novos atores globais das relações trabalhistas.

---

(155) PASTORE, José, *op. cit.*, p. 41.

Toda aquela história que embasa o Direito do Trabalho, os fatores *liberdade* e *subordinação*, que se entrelaçaram no início da Revolução Industrial e acabaram criando um nicho específico para interferência estatal nas relações de trabalho, tudo isso parece estar no fim. A própria subordinação jurídica vem sendo ano a ano relativizada, mantendo-se o trabalhador, de alguma outra forma, genericamente subordinado (ou dependente). Isso permite abusos e violações aos patamares mínimos esperados e espelhados no princípio da dignidade do trabalho.

A verdade é que o velho mundo do trabalho subordinado está cedendo a um novo mercado, com outras formas e tipos de relações de trabalho. É uma nova fase do Direito Laboral, repleta de trabalhos derivados da informática e da tecnologia, em que não se vende mais a força física; e, sim, e tão apenas, a sabedoria e o conhecimento, o que altera em muito as antigas relações. Força física é trabalho de máquina. Ser humano vende conhecimento e controla as máquinas.

Os típicos vínculos de emprego, com raízes na subordinação jurídica do trabalhador em face do empregador, vêm aos poucos definhando. Dão lugar a outros tipos de relações jurídicas, nas quais a subordinação continua existindo, mas é atenuada e mascarada por características modernas das relações de mercado, impostas pela globalização e permitidas pela desenvolvida tecnologia de hoje, e possivelmente pelo Direito de amanhã. A revista da Anamatra, inclusive, traz citação interessante acerca desse novo perfil dos sujeitos das relações trabalhistas:

REALIDADE EM NÚMEROS

Pesquisa de Emprego e Desemprego (PED), realizada pelo convênio Dieese-Seade, constatou que, entre 1989 e 2005, o número de ocupados na Região Metropolitana de São Paulo cresceu 28%, enquanto o total de subcontratados aumentou em 178%, e o de "autônomos que trabalham para uma empresa só", 157%. De acordo com o estudo do IBGE veiculado em 2004, com base no Cadastro Nacional de Pessoa Jurídica (CNPJ), havia no país aproximadamente 4,5 milhões de empresas cadastradas naquele ano. Desses, 3,1 milhões (68%) são *empresas sem empregados*. O próprio IBGE diagnostica que, na maioria desses casos, a empresa é assim constituída com o objetivo de modificar o vínculo do trabalhador com a empresa em que ele realmente trabalha[156].

Essa é a visão atual diante do quadro de elevação de custo do vínculo de emprego. O capital amolda-se como pode à situação, seja criando novos perso-

---

(156) ANAMATRA. Revista da Associação Nacional dos Magistrados da Justiça do Trabalho. Entrevista (Arnaldo Süssekind), Brasília, Ano XVII, n. 55, 2º semestre de 2008, p. 15.

nagens, seja até alterando o local de produção, para regiões ou países cuja mão de obra seja barata e possa fazer baixar o custo, a fim de colocar os produtos em pé de igualdade com os demais concorrentes globalizados. Tal fenômeno não é somente nacional, tipicamente brasileiro; mas, sim, mundial. Na Europa e em outros locais do mundo, o fenômeno vem tomando força, fazendo com que fábricas inteiras sejam construídas e desmanchadas em pouco tempo, nos lugares mais apropriados economicamente. Novas formas de contratação e estruturas inéditas empresariais estão penetrando licitamente no Direito do Trabalho. É a engenharia jurídica do capital auxiliada pela globalização e pela tecnologia.

Já disse Plá Rodríguez, em meados de 2000, reproduzindo um trabalho exposto na década de 90, que o Direito do Trabalho sofria um duplo embate cuja tendência era a redução de seu território. Por um lado, o crescimento do setor informal da economia. Por outro, o progressivo alcance da terceirização[157].

Realmente já faz algum tempo que a velha briga entre capital e trabalho vem se aguçando e ficando cada vez mais complexa e agressiva, trazendo a necessidade de uma resposta jurídica mais pertinente e adequada à realidade dos próprios números citados. A restrição do Direito de Trabalho apenas ao típico trabalho subordinado, exclusivamente jurídico, não basta mais ao mundo econômico e social, sob pena de tornar indignas várias atividades laborais. O Direito deve produzir regras protetivas também ao trabalho genericamente subordinado (de alguma forma dependente) e, por isso, enclausurado numa relação em que, somada a autonomia de vontade com a relativa força que o capital exerce em face do trabalho, não torne desproporcional o valor da prestação (renda) que reverte em benefício do trabalhador.

Em resumo, pode-se dizer que a situação é a seguinte: temos informalidade por um lado, que descaracteriza completamente a típica subordinação jurídica do emprego e retira do trabalhador qualquer possibilidade de se ver garantido; e, por outro, há a descentralização empresarial, que acentua ainda mais a relativização da subordinação daqueles que estão formalmente empregados, minimizando o poder dos sindicatos e — muitas vezes — precarizando as condições e os direitos do trabalhador. Não se pretende alterar o conceito de emprego; quer-se adequar o Direito do Trabalho à realidade, combatendo-se a fraude relativa ao primeiro instituto e o trabalho indigno ainda não corretamente protegido pelo Direito, de forma específica.

---

(157) RODRÍGUEZ, Américo Plá. *La descentralización empresarial y el derecho del trabajo*. Montevidéu: Fundacion de Cultura Universitaria, 2000. p. 11: *"el Derecho del Trabajo sufría um doble embate que tendía a achicar su territorio. Por um lado, el crecimiento del sector informal de la economia. Por outro lado, el progresivo acance de la terceirización"*.

CAPÍTULO IV

O ATUAL SISTEMA DE TRABALHO SUBORDINADO

4.1. A informalidade no atual sistema de trabalho subordinado

Os dados colhidos são claros ao apontarem uma deficiência do sistema. Um pouco mais de um terço da População Economicamente Ativa e devidamente Ocupada tem registro em carteira de trabalho, ou seja, é empregado. Se a regra é que o trabalhador seja empregado, como poderiam os fatos demonstrar que a regra, na verdade, é uma exceção?

Ora, a resposta é simples: o grau de informalidade nas relações de trabalho é altíssimo. E as engenharias jurídicas para dissimularem o contrato juridicamente subordinado, ou até criarem condições não-subordinadas juridicamente de trabalho, mas ainda dependentes, estão avançadas o suficiente para surtirem efeitos práticos no dia a dia do mercado. As características do atual sistema de proteção do trabalho subordinado resultam num grau elevado de informalidade e em engenharias cada vez mais complexas para que as empresas consigam sair desse tipo de relação. O importante é saber quais as características que levam a tais consequências. Qual a causa do mal.

Mas é difícil falar em causas de um determinado fenômeno quando estudamos as relações humanas. Não é uma típica relação matemática, da qual se pode dizer de forma objetiva quais as razões desse ou daquele acontecimento. O Direito do Trabalho deriva de laços humanos, sendo que não só interesses econômicos estão envolvidos, mas também outros pessoais e até estatais, que transcendem, inclusive, o indivíduo trabalhador ou beneficiário da força laboral.

O próprio Direito do Trabalho, como se sabe (ou se imagina), tem como fatores de formação os interesses sociais, econômicos e estatais. Portanto, quando se falam em causas e em efeitos no Direito, todo cuidado é pouco. Mas a presunção é o único caminho viável, muito embora tenha valor científico reduzido. Essa convergência de interesses torna complexo o referido estudo, tal como bem ensina *Godinho*:

> O Direito do Trabalho surge da combinação de um conjunto de fatores, os quais podem ser classificados em três grupos específicos: fatores econômicos, fatores sociais, fatores políticos. Evidentemente que nenhum deles atua de modo isolado, já que não se compreendem sem o concurso de

outros fatores convergentes. Muito menos eles têm caráter estritamente singular, já que comportam dimensões e reflexos diferenciados em sua própria configuração interna (não há como negar-se a dimensão e repercussão social e política, por exemplo, de qualquer fato fundamentalmente econômico)[158].

Portanto, o que se pretende aqui é demonstrar as possíveis causas da informalidade e da mudança de paradigmas no mundo do trabalho. Não que a informalidade seja uma situação relativamente nova ou algo que nasceu recentemente no mundo — ao contrário. O problema é que o nível de informalidade está altíssimo, e providências precisam ser imediatamente tomadas, levando-se em consideração, daí, os seus fatores de origem, sua causa.

Não bastasse isso, há inúmeros novos contratos e sujeitos nas relações de trabalho, que estão sob égide do poder do capital (dependência), mas não são juridicamente subordinados e, por isso, não possuem qualquer proteção. Os trabalhadores, nesses casos, estão relativamente desamparados. E, por tal razão, constantemente sofrem abusos, em clara violação à comutatividade contratual.

Muito embora não haja meios seguros de se comprovarem tais fatores que norteiam essas alterações no mundo do trabalho, algumas questões mostram-se como possíveis e prováveis causas. É com base nelas que devemos moldar as proteções jurídicas para as relações de trabalho no futuro, não só abarcando o típico vínculo de emprego, efetivamente protegido por nossa legislação, como também algumas outras, que contêm, em sua base fática, o elemento *subordinação* — não necessariamente a subordinação jurídica.

De antemão, dois fatores saltam aos olhos: o custo do emprego e a excessiva interferência estatal nas relações privadas. Ambos, somados, transformam-se numa devastadora arma contra a relação de emprego, fazendo nascer novos atores globais no Direito do Trabalho, utilizados e assim caracterizados para se fugir, cada vez mais, da antiga relação empregatícia, criando novos sujeitos não mais denominados empregados. Que fique claro: não se apontam como causas a interferência estatal ou o custo simplesmente; mas, sim, o elevado custo atual do contrato de trabalho e a exagerada intervenção estatal via dirigismo contratual nas relações privadas de trabalho.

São esses novos sujeitos, também subordinados de alguma forma, que precisam ser imediatamente regulados e protegidos — seja pelo Estado, seja pelas próprias partes envolvidas nessa relação. Aí reside a mudança do Direito do Trabalho. Talvez esses sejam os principais problemas; não os únicos. Mas certamente retratam importantes fatos que, inclusive, aguçam os demais fatores que causam o aparecimento dessas novas e alteradas relações, bem como da informalidade.

---

(158) DELGADO, Mauricio Godinho, *op. cit.*, p. 87.

O estudo das causas da informalidade, além de ajudar a proteger o vínculo de emprego, que está em nível baixíssimo, poderá também ajudar a formular regras para as demais relações de trabalho genericamente subordinadas, que ainda não estão devidamente protegidas pelo Direito do Trabalho. Isso contribuirá para um estado de bem-estar social completamente novo, nos moldes do princípio da dignidade humana e do trabalhador.

4.2. O alto custo do trabalho tipicamente subordinado

O custo da relação de emprego no Brasil é altíssimo e ainda chega a ponto de desviar boa parte das verbas para terceiros, seja nas mãos do governo (imposto de renda), seja para a Caixa Econômica Federal (ao Fundo de Garantia por Tempo de Serviço), ou até nos cofres do INSS ou outras entidades cuja destinação financeira é obrigatória. O típico trabalho subordinado por aqui é realmente caro.

O caminho adotado pelas empresas para fugir desse ônus, ou passa pela informalidade, ou pela relativização da subordinação, por meio da descentralização empresarial (terceirização). Por ela, a maioria das verbas efetivamente pagas acaba, de fato, nas mãos daquele que prestou os serviços, e não de terceiros — ao contrário do que ocorre nas relações de emprego.

Assim, além do trabalho em si, no Brasil, ser relativamente mais caro que em outros países, sequer o trabalhador é o beneficiário direto do valor compatível com o referido custo do emprego. Uma parte vai para o caixa comum da previdência; outra, para a conta vinculada (FGTS), sistema ao qual o trabalhador não tem acesso direto e é relativamente mal remunerado e, por vezes, sequer alcança a própria inflação[159]. Além disso, temos o Imposto de Renda altíssimo e as contribuições para o sistema "S".

No Brasil, a cada R$1.000,00 pagos a título de salário direto pelo serviço prestado, cerca de R$1.027,60 são pagos a título de salário não-prestado. Ou seja, praticamente se paga o dobro pela contratação formal. Pastore, novamente, retrata bem essa situação, descrevendo título por título, numa tabela prática, a qual segue abaixo reproduzida:

Assim, em 2007, para se contratar um trabalhador horista no Brasil, a Constituição Federal e a CLT impõem despesas obrigatórias que chegam a 102,76% do salário nominal conforme exposto na Tabela 3.1.

---

(159) Disponível em: <http://web.infomoney.com.br/templates/news/view.asp?codigo=1226597&path=/suasfinancas/>. Acesso em: 10 fev. 2009.

Tabela 3.1
Despesas de Contratação — Horistas — Indústria

Tipos de Despesas	% sobre o Salário
Grupo A — Obrigações Sociais	
Previdência Social	20,00
FGTS	8,00
Salário-Educação	2,50
Acidentes de Trabalho (média)	2,00
SESI/SEC/SEST	1,50
SENAI/SENAC/SENAT	1,00
SEBRAE	0,60
INCRA	0,20
Subtotal A	5,80
Grupo B — Tempo não Trabalhado I	
Repouso Semanal	18,91
Férias	9,45
Abono de Férias	3,64
Feriados	4,36
Aviso Prévio	1,32
Auxílio Enfermidade	0,55
Subtotal B	38,23
Grupo C — Tempo não Trabalhado II	
13º salário	10,91
Despesas de Rescisão Contratual — 50% FGTS	3,21
Subtotal C	14,12
Grupo D — Incidências Cumulativas	
Incidência cumulativa (Grupo A / Grupo B)	13,68
Incidência do FGTS sobre 13º sal.	0,93
Subtotal D	14,61

Fonte: Itens da Constituição Federal e CLT

Nota: por força da Lei Complementar n. 110/01, a alíquota do FGTS foi de 8,5% durante o período de 29.6.01 a 31.12.06, o que dava um total de despesas de 103,46%[160].

Logicamente não se pretende ingressar na discussão quanto à metodologia de cálculo utilizada, mas o fato é que o custo do trabalho, sendo um pouco mais baixo ou até mais elevado, é efetivamente alto no Brasil. E o problema é generalizado a ponto de alcançar tanto aqueles que têm potencial para cobrir esses

---

(160) PASTORE, José, *op. cit.*, p. 46-47.

custos, como também os pequenos e os médios empresários, que sofrem efetivamente com essa despesa em dobro.

Os grandes grupos empresariais padecem devido à concorrência externa, com a competitividade do custo baixíssimo do trabalho em países como a China ou a Índia, que reconhecidamente têm um baixo custo no contrato de trabalho. Compensa, inclusive, para esses grandes grupos empresariais, manter uma fábrica em outro país, e não por aqui. E muitos já fazem isso. O próprio José Pastore, comentando um artigo publicado em revista de interesse econômico, foi muito claro nesse sentido:

> Língua e precariedade de dados têm dificultado a estimação do custo do trabalho na China. Mas é certo que as diferenças entre a remuneração no campo e nas cidades são imensas. Mesmo nas cidades a variação é grande. Um estudo recente e baseado no Censo do Trabalho na China indicou salários industriais nas cidades que variaram entre o equivalente a US$ 1.06 e US$ 0.45 por hora. O salário médio é de US$ 0.64 por hora (Judith Banister, "How cheap is Chinese labor?", BusinessWeek, 13/12/2004). Como isso se compara com a situação do mundo ocidental? A diferença é fenomenal. Enquanto a China paga, em média, US$ 0.64 por hora trabalhada, os Estados Unidos pagam US$ 21.11. Levando em conta as diferenças de custo de vida, os US$ 0.64 compram US$ 2.96 nos Estados Unidos. Esse abismo salarial faz muita diferença nos custos de produção e no preço dos produtos. As indústrias chinesas de confecções, calçados, aparelhos elétricos e eletrônicos, materiais plásticos e outros conseguem produzir bens de consumo que chegam a ser 50% mais baratos do que os fabricados nos Estados Unidos. Muitas empresas americanas fecharam suas plantas nos Estados Unidos e se mudaram para a China onde encontraram condições mais propícias para produzir e vender, mesmo pagando, muitas vezes, salários superiores à média de US$ 0.64 por hora. De 2000 a 2004, estima-se que 2,7 milhões de empregos foram destruídos nos Estados Unidos. Para quem ficou no país, a regra passou a ser: "Os chineses estão chegando. Corte seus preços ou perca os seus fregueses"[161].

A situação retrata a verdade no que diz respeito ao fator custo; e a própria China, anteriormente citada, é o exemplo clássico do que estamos falando. Recentemente, naquele país, houve uma significativa alteração legislativa para proteger os seus trabalhadores. Em resposta, várias empresas já estão pensando em mudar suas plantas fabris de lá ou, dependendo do caso, efetivamente isso já aconteceu, conforme se verifica pela notícia abaixo:

> Segundo pesquisa da Câmara de Comércio dos Estados Unidos em Xangai, uma entre cinco empresas já está pensando em sair da China. Muitas estão

---

(161) Disponível em: <http://www.josepastore.com.br/artigos/rt/rt_238.htm>. Acesso em: 3 out. 2008.

levando suas fábricas para lugares onde os salários agora são mais baixos, como o Vietnã, Bangladesh ou Índia. Ou simplesmente fecham, como a Boji Company, uma das maiores produtoras de árvores de Natal artificiais, que emprega 20 mil pessoas[162].

Se a situação está por demais competitiva para as grandes empresas, imagine, então, para os menores empreendedores. Estes não têm qualquer possibilidade de locomoção, a fim de procurarem menores custos de mão de obra e sofrem com a falta de estrutura e de condições para arcarem com os referidos custos. Isso gera informalidade. A despesa com a relação empregatícia consome grande parte do faturamento empresarial desses grupos de menor potencial produtivo.

Em se considerando que o salário mínimo nacional é de R$ 465,00 — certamente o gasto das empresas com apenas um funcionário chega a praticamente R$ 946,00 por mês. Tal valor multiplicado por alguns funcionários, que geralmente recebem uma quantia um pouco mais elevada, pode provocar uma despesa muito alta se comparada ao faturamento dos pequenos e dos médios empresários brasileiros. Num cenário de altos custos da relação de emprego, em se tratando de grandes empresas, o emprego formal diminui, já que as plantas produtivas mudam para outro local, de menor custo. Nas médias e pequenas empresas, que não têm essa mobilidade, a relação de emprego também diminui, dando espaço à informalidade.

O trabalho, por sua vez, não pode parar; por isso, é desenvolvido por outros meios, já que a manutenção do trabalhador como empregado é inviável financeiramente para muitas empresas. Aliás, essa é uma das novas características: o custo do emprego no Brasil, e também no mundo inteiro, vem resultando em empresas móveis, diferentemente do que ocorria antigamente, quando as raízes empresariais eram relativamente longas e seguravam quaisquer mudanças. Hoje já não é mais assim. O custo do trabalho (emprego) tem uma variação enorme conforme o local da prestação.

Antigamente, pouco importava se, no estado de São Paulo, a remuneração custava mais que na Bahia. Aliás, muito menos importavam os preços praticados no leste europeu ou nos países asiáticos, pois a distância e a dificuldade para sua transposição eram realmente muito altas. Somente em algumas regiões mais desenvolvidas havia estruturas física e tributária suficientes para as plantas empresariais.

A variação é tamanha que o custo da mudança da planta fabril é completamente relativizado pela economia que os baixos custos salariais trazem aos

---

(162) ANAMATRA. Revista da Associação Nacional dos Magistrados da Justiça do Trabalho. Entrevista (Arnaldo Süssekind), Brasília, Ano XVII, n. 55, 2º semestre de 2008, p. 34.

detentores do capital. Aliás, hoje, as máquinas são pensadas não mais como entidades fixas, de difícil remoção. A tecnologia e a facilidade de comunicação facilitaram qualquer mudança do gênero. Para boa parte das empresas, portanto, essa situação alterou-se. A distância não é mais problema algum no mundo do trabalho. Regiões antes não procuradas já estão, atualmente, repletas de empresas. Locais antes sem estrutura, hoje, contam com boas rodovias e o mínimo necessário à produção.

Interessante notar que a alteração da estrutura para outros locais desarticula toda a tendência protecionista que até então existia, inclusive no que diz respeito aos sindicatos da categoria, que deixam de atuar, já que têm, via de regra, uma atividade regionalizada. Foi o que ocorreu, por exemplo, no setor automobilístico de São Paulo, nas últimas décadas, conforme documento do Banco Nacional de Desenvolvimento Econômico e Social (BNDS), abaixo reproduzido:

> (...) muitas empresas de autopeças encerraram suas atividades no ABCD, transferindo-se para o interior do estado ou para Minas Gerais. Observa-se (...) que o número de trabalhadores nas empresas de autopeças e nas montadoras vem caindo durante toda a década de 90, enquanto em Minas Gerais o número de pessoas empregadas pelos mesmos setores aumentou. Verifica-se (...) também que dentro do próprio estado vem ocorrendo uma relocalização das empresas registrando-se redução do número de empresas na Grande São Paulo e na região do ABCD no período 1991-1998[163].

As próprias estruturas das empresas foram alteradas de forma a permitir uma hierarquização vertical cada vez menor e uma mobilidade enorme. Hoje já não se falam mais em grandes grupos empresariais; mas, sim, em grandes redes de empresas, ou seja, pequenos e médios empresários que, unidos, servem a um mentor principal, ou melhor, a uma determinada marca, pertencente àqueles que antigamente produziam.

O alto custo do trabalho, portanto, trouxe novos atores globais no Direito do Trabalho; e estes precisam ser estudados. Esse fator, com certeza, é um dos motivos da transformação do emprego. No entanto, vale lembrar que muitos dos novos sujeitos dos contratos de trabalho ainda estão subordinados à força do capital, não tendo o condão de negociarem de igual para igual seus contratos. Ou seja, temos novos agentes nas relações de trabalho, não amparados pela legislação, mas que possuem o mesmo problema da antiga e típica relação de emprego, a saber: a diferença exorbitante de forças e a dependência (subordinação). Isso, somado à autonomia de vontade e à ausência de regulação, possivelmente traz problemas no campo de respeito à dignidade mínima do trabalhador.

---

(163) Disponível em: <http://www.bndes.gov.br/conhecimento/setorial/get2is26.pdf>. Acesso em: 9 dez. 2008.

Da mesma forma, o alto custo do salário mostra-se prejudicial ao próprio trabalhador e à economia. É necessário reverem os custos do contrato de trabalho, a fim de permitir uma maior mobilidade das verbas pagas a título de contraprestação e uma reversão maior em benefício do próprio trabalhador, e não de terceiros. Tributação e FGTS são traços essenciais que não devem desaparecer e deixar de incidir sobre a remuneração. Contudo, a possibilidade de o trabalhador escolher em qual instituição financeira pretende aplicar suas economias futuras, o risco que deseja correr (com os limites impostos pela legislação pertinente) ou quem vai administrar sua garantia de um mínimo no momento de desemprego talvez devessem ser mais flexíveis. Assim como a cessação do desvio de boa parte dos valores arrecadados para terceiros, tal como o caixa comum da Previdência Social, ou as demais alíquotas incidentes sobre o salário também poderiam ocorrer, possibilitando ao trabalhador ser o efetivo beneficiário, devidamente individualizado, da sua força de trabalho vendida.

4.3. A excessiva interferência nas relações de emprego

Quando se fala em excessiva interferência do Estado nas relações de trabalho, entra-se numa discussão complicada acerca do papel estatal na vida privada, nos comércios, nas empresas, nas indústrias e até na vida do próprio trabalhador. Aliás, seria uma incongruência atacar o intervencionismo diante do atual cenário em que vivemos (crise financeira[164] do início do século XXI). Mas é preciso lembrar que o Estado tem um viés intervencionista em situações como essa, tal qual ocorreu na crise de 1929 (políticas do pleno emprego e de Keynes, ou o plano Marshall)[165].

No entanto, a discussão é importante, uma vez que não se pretende demonstrar o mal que o intervencionismo estatal produz na vida privada. A ideia é revelar os efeitos que uma política de extremo intervencionismo produz nas relações cotidianas, principalmente em situações que sequer necessitam de qualquer proteção legal. Portanto, não se é contra o intervencionismo — pelo contrário. O dirigismo contratual é importantíssimo, até porque é necessário. Mas seus limites devem ser claros e proporcionais à proteção necessária do presumidamente fraco na relação.

Assim, pode-se apontar que não é só o custo do emprego que gera informalidade e a excessiva relativização da subordinação jurídica pelos novos meios e formas de contratação do trabalho. O dirigismo contratual, ou melhor, o excesso de intervenção estatal nas relações privadas de trabalho — especial-

---

(164) MACHADO, Costa. Seus direitos fundamentais. *Veja*. 2008. Disponível em: <http://veja.abril.com.br/blog/direitos-leis/115587_comentario.shtml>. Acesso em: 11 fev. 2009.
(165) OLIVEIRA, Carlos Alonso Barbosa de, *op. cit.*, p. 5-13.

mente naquelas com vínculo de emprego — também atrapalha o mercado. Repita-se: não estamos dizendo que o Estado não deva interferir e colocar limites mínimos. Pelo contrário; ele deve, sim, interceder nessas relações e corrigir distorções graves — até porque a própria relação de trabalho subordinada implica em excesso de poderes de um sujeito, que naturalmente vai impor suas condições; por isso, precisa ser limitado pela própria legislação. É essa diferença de forças que a lei visa atacar, corrigindo a eventual ausência de comutatividade das prestações avençadas livremente pelas partes, que acabam aceitando condições não saudáveis na relação e atacando patamares mínimos de dignidade esperados para a relação de trabalho.

Mas, certamente, tolher em excesso essa liberdade de contratação não ajuda a solucionar o problema. Razoabilidade e proporcionalidade são essenciais para uma convivência pacífica e produtiva do trabalho e do capital. Aliás, quando se fala em excesso de intervencionismo, ataca-se justamente a ausência de autonomia de vontade que, como o próprio nome diz, significa a capacidade das próprias partes (*auto*) ditarem suas regras (*nomia*), e não somente um terceiro (*hetero*), no caso, o Estado, impor o direito. E autonomia, como já dito, é uma das pedras fundamentais de discussão no Direito do Trabalho.

Essa autonomia pode ser individual ou coletiva. A individual exterioriza-se pelo contrato de trabalho individual entre o empregado e o empregador, válido apenas entre estes dois personagens. Ao contrário, a autonomia coletiva é retratada pelas normas coletivas de trabalho, ou seja, pelas negociações sindicais e empresariais acerca de certos temas do Direito do Trabalho. São aquelas relações que ultrapassam a esfera individual do trabalhador.

Portanto, de um lado, temos a autonomia. De outro, a heteronomia estatal. Sabe-se, inclusive, que, em se tratando de Direito do Trabalho, a fonte (origem das regras) é mista, podendo as normas nascer tanto do Estado (heteronomia), como das próprias partes envolvidas nas relações (autonomia), nos termos do art. 8º da CLT[(166)] e da Constituição Federal[(167)].

Nesse sentido, diz-se que a norma estatal serve para proteger a relação de emprego, mas na verdade a proteção exibida por esse excesso de intervencionismo é do empregado, e não efetivamente da relação de emprego. Tanto o é

---

(166) CLT — Art. 8º — As autoridades administrativas e a Justiça do Trabalho, na falta de disposições legais ou contratuais, decidirão, conforme o caso, pela jurisprudência, por analogia, por equidade e outros princípios e normas gerais de direito, principalmente do direito do trabalho, e, ainda, de acordo com os usos e costumes, o direito comparado, mas sempre de maneira que nenhum interesse de classe ou particular prevaleça sobre o interesse público. (...).
(167) CF/88 — Art. 7º São direitos dos trabalhadores urbanos e rurais, além de outros que visem à melhoria de sua condição social: (...).XXVI — reconhecimento das convenções e acordos coletivos de trabalho; (...).

que o emprego formal no Brasil, como já visto antes, não tem um índice razoável de aceitabilidade. Quanto maior a proteção do emprego, maior também são os caminhos tomados para fugir dessa figura jurídica. Isso é evidente.

Portanto, ao invés de proteger, esse excesso de regulação pode acabar com o instituto do vínculo empregatício no Brasil, já que torna relativamente inflexível a negociação para adequação setorial da norma trabalhista. O Professor Elhanan Helpman, de Comércio Internacional da Universidade de Harvard, nos Estados Unidos, resumiu bem essa situação em entrevista à Revista Veja[168], ao dizer que as leis foram criadas para proteger os trabalhadores, mas hoje podem até prejudicá-los, em alguns casos.

É uma típica situação que pode ser apontada em um exemplo recente: a nova lei de estágios, aprovada no ano de 2008 (Lei 11.788, de 25 de setembro de 2008), conforme notícia veiculada pelo Correio Popular de Campinas (São Paulo). Por se tratar de norma que regula excessivamente uma situação de fato, ao invés de atrair mais estagiários ao mercado, o resultado foi inverso. Vejamos:

> A nova lei dos estagiários que estabelece mudanças nas regras da relação entre os futuros profissionais e as empresas vai cortar 220 mil vagas, segundo estimativa da Associação Brasileira de Estágios (Abres). O texto traz avanços e amplia as obrigações dos empresários com os estagiários, como férias remuneradas de 30 dias e a obrigatoriedade de bolsa-auxílio. Por outro lado, a legislação provoca uma redução de até 20% no número de postos disponíveis aos estudantes no País devido aos maiores custos impostos às companhias. A proposta foi aprovada pelo Congresso e encaminhada para sanção presidencial[169].

Por esse motivo, verifica-se uma estratégia cada vez mais eficaz para se fugir da inflexibilidade das normas e do alto custo do trabalho com vínculo de emprego. Nos países mais desenvolvidos, muitas empresas estão terceirizando tarefas, usando mão de obra mais barata de nações ainda em desenvolvimento. Nos EUA, onde as leis trabalhistas são menos rígidas do que na União Europeia, a tendência é que o número de empregos perdidos seja menor. Se os europeus não mudarem as leis que foram feitas em outras circunstâncias, deverão sofrer com a competição internacional.

Esse excesso de dirigismo contratual faz com que a nossa CLT também represente outra causa que desencadeia a informalidade. Primeiramente, porque tal norma geral rege relações de trabalho cujas características variam das formas mais diversas possíveis. De um lado, um porteiro de condomínio com

---

(168) Disponível em: <http://veja.abril.com.br/120105/entrevista.html>. Acesso em: 3 dez. 2008.
(169) Disponível em: <http://www.cosmo.com.br/noticia/5463/2008-08-23/lei-do-estagio-corta-220-mil-vagas-segundo-abres.html>. Acesso em: 3 dez. 2008.

necessidades laborais específicas tem a mesma norma que médicos altamente especializados e muito bem remunerados, com características próprias e individualizadas. Um trabalhador de uma grande financeira é regido pela CLT, assim como uma faxineira de um botequim. A lei trabalhista é a mesma para todos.

A razão disso é porque o Estado não tem capacidade de produzir leis específicas para cada ramo do trabalho brasileiro. E mesmo que tivesse, não conseguiria se adaptar e evoluir conforme o fazem o mercado e as leis autônomas, que vão naturalmente se ajustando à situação e às necessidades. E a lei, da mesma forma, vê os tempos de bonança e também os de prejuízo como um único e mesmo momento — exigindo das partes as mesmas condições, seja em que época for. Ao contrário, a autonomia coletiva privada consegue adaptar-se às necessidades e dá possibilidade de sobrevivência a muitos. Assim, consegue acompanhar a efervescência das relações sociais.

Certamente o problema atual não poderia ser resolvido tão facilmente como se pensa, num primeiro momento, já que temos uma situação de delicada representatividade sindical no Brasil. Afinal, em se tratando de fonte autônoma do Direito do Trabalho, flexível e adaptável às necessidades, os sindicatos seriam a solução mais viável para essa flexibilização e adequação setorial das normas jurídicas trabalhistas.

Portanto, a situação realmente é complexa. De um lado, temos normas rígidas, inflexíveis e que, na prática, — mesmo autorizadas diretamente pela Constituição Federal tal como as próprias normas coletivas — possuem um grau de hierarquia e de respeito superior ao negociado pela categoria. Por outro lado, mesmo se considerarmos a possibilidade de aumentar a efetividade das normas coletivas, produzindo uma flexibilização maior, a ausência de representatividade levaria vários sindicatos a "venderem" direitos, em detrimento de seus representados. Portanto, essa questão das normas trabalhistas e, por consequência, do dirigismo contratual, produz reflexos não somente na questão das legítimas relações de emprego, como também numa ampla reforma sindical, já esperada faz alguns anos.

4.4. As adequações da empresa às regras do trabalho subordinado

As causas anteriormente expostas levam a seguinte constatação imediata: estamos diante de novos atores globais nas relações de trabalho. A antiga subordinação clássica, do empregado ao empregador, vem diminuindo devido aos novos tipos e meios contratuais, e também aos novos personagens das relações de trabalho.

Os novos contratos de trabalho cada vez mais utilizam subterfúgios (várias vezes, plenamente lícitos) para se relativizar a subordinação jurídica, a ponto de descaracterizar o eventual vínculo de emprego. Mas, verificando-se tais relações, muitas ainda persistem com uma dependência, geralmente econômica, visível entre as partes. Isso ocorre pelo fato de, mesmo diante da ausência de subordinação jurídica, ainda existir uma parte detentora dos bens de produção e outra, financeiramente inferior, dependente desses bens para produzir e receber pelo trabalho.

Portanto, foi diante dessas características que, sejam nas grandes empresas, sejam nas médias e nas pequenas, as atuais estruturas de trabalho tornaram-se outras. E os contratos também. A descentralização empresarial, comumente chamada de terceirização, veio para ficar e tornou-se característica marcante. E, hoje, boa parte dessa descentralização é efetivada, respeitando-se uma concreta ausência de subordinação jurídica, o que acarreta a exclusão do trabalhador do sistema de proteção legal, tal como estaria inserido se empregado fosse.

E isso se dá justamente pelo propósito patronal de abater custos e elidir responsabilidades[170]. Esse fenômeno, que antes ocorria sobre os setores da construção e em algumas atividades rurais, agora atinge toda a civilização, todo o mercado de trabalho.

Portanto, não mais se fala em empresa sem tocar na questão da descentralização, mais conhecida no Brasil como terceirização. E o que chama a doutrina, atualmente, de *rede de empresas* nada mais é do que a descentralização empresarial (ou terceirização) com uma roupagem mais lícita. Qualquer negócio, do menor ao mais vultoso, utiliza-se da interposição empresarial, seja na atividade meio, seja na final. O próprio Estado já é um refém da terceirização.

Percebe-se que a subordinação jurídica vem se diluindo com as atuais estruturas empresariais amplamente descentralizadas, permanecendo, no entanto, uma notória dependência econômica. Essa é a outra face da subordinação, que precisa ser protegida. Eis a situação de hoje. As empresas adaptam-se, como podem, às regras, utilizando-se de subterfúgios diversos — muitos dos quais lícitos diante da hermenêutica atual, derivada do Direito do Trabalho —; tudo com o fim de diminuírem os custos e escaparem de regras inflexíveis impostas à sociedade.

De fato, a descentralização empresarial, embora regular em várias situações, traz algumas figuras complexas, tal como a pessoa jurídica unipessoal. Esta, em muitos casos, tem por trás aquele antigo empregado que estruturava uma empresa em seus quadros internos. Via de regra, tais empresas unipessoais prestam serviços para o antigo empregador, tal como os dados já citados neste trabalho.

---

(170) RODRÍGUEZ, Américo Plá, *op. cit.*, p. 11.

Tal fato, em tese, é lícito. Nada impede que um trabalhador empregado monte uma empresa e comece a prestar serviços por meio dessa nova figura empresarial. Por vezes, inclusive, é mais atraente financeiramente que o antigo contrato havido. No entanto, é mais certo ainda que os departamentos jurídicos da antiga empregadora comumente ditem condições suficientes para uma relativa autonomia jurídica da nova terceirizada, a fim de elidirem responsabilidades, tal como ocorre de fato.

No entanto, tendo em vista a forma como foi criada a referida empresa, e o contrato que assinará, em muitos casos, as condições são impostas pela antiga empregadora, que ainda detém o poder de negociação. E isso implica na manutenção da subordinação, desta vez não mais como empregado. Assim, no fundo, seja numa figura, seja em outra, a mesma diferença de forças continua a existir: no primeiro caso, pela subordinação jurídica; no segundo, pela dependência econômica. É essa desigualdade que produz uma nítida distorção de poderes e da própria comutatividade do contrato que o Direito do Trabalho visa corrigir. No entanto, atualmente, atinge apenas uma das situações — o vínculo de emprego.

Por isso que, diante desses novos sujeitos, é realmente necessária uma nova regulação da força de trabalho. É preciso limitar-se o poder que o capital exerce na relação jurídica e na autonomia de vontade, que é mitigada a ponto de concordar com violações básicas à dignidade mínima do trabalhador, que não tem proteção jurídica alguma.

CAPÍTULO V

O FUTURO DA SUBORDINAÇÃO

5.1. A relativização do conceito de subordinação jurídica

A subordinação e, portanto, a própria relação de trabalho (subordinada de forma genérica ou até jurídica) devem ser reguladas em qualquer caso, seja por sistemas heterônomos, seja pelos autônomos. Isso porque é a própria subordinação o fator de desigualdade entre capital e trabalho. É por ela (seja jurídica ou não) que as partes da citada relação estão submissas umas as outras. No entanto, verifica-se que um problema vem surgindo: diante dos novos atores das relações de trabalho e de contratos específicos que foram surgindo, o grau de intensidade da subordinação jurídica está variando para baixo.

A dificuldade, portanto, reside no fato de se distinguir o que é subordinação jurídica suficiente à caracterização do vínculo empregatício; portanto, permitir a incidência da CLT e de outras normas pertinentes. Ou ainda, de outro lado, o que é apenas uma subordinação genérica que impõe uma clara diferença de forças entre as partes e, por isso, é passível de regulação, por outras normas que não as relativas ao contrato de emprego.

É nesse sentido que se pode esperar um controle da própria subordinação nos contratos de trabalho, por normas claras e justas que, certamente, faria alcançar uma maior maturidade da relação de trabalho, pacificando várias discussões e trazendo mais segurança jurídica. Assim, devemos ter em mente a evolução das regras de proteção que regem o trabalho e a própria subordinação (jurídica ou não). No entanto, diante da atual situação e de toda a história do próprio Direito do Trabalho, percebe-se que este sempre foi voltado ao vínculo empregatício; e, agora, tem seu fundamento principal (subordinação jurídica) variando intensamente, o que causa mais instabilidade ainda nas relações de trabalho.

Isso porque, com o tempo, o conceito de subordinação jurídica relativiza-se, passando as empresas a adotarem outros tipos contratuais que não mais se encaixam na relação de emprego. Elas fogem, portanto, da excessiva proteção conferida pela lei. De forma contrária, a subordinação jurídica (genérica) segue outra tendência, mantendo-se constante e no mesmo patamar com o passar do tempo. É assim que a subordinação genérica (e não jurídica) ou a efetiva dependência, muitas vezes econômica, permite ao beneficiário da força de trabalho manter uma mínima ordem e regulação na prestação comprada, impondo condições e até, por vezes, a forma de organização e de prestação da força de trabalho.

Logicamente, a subordinação jurídica, que não é algo natural; mas; sim, artificial e imposta pela arte humana (pelo direito posto), foi por isso alterada pelo próprio Homem. Sendo uma criação humana, e uma figura jurídica que não condiz com a liberdade do indivíduo, tal instituto provocou (e ainda vem provocando) sua própria relativização. Em certos tempos, tal relativização aconteceu por força de conquistas daqueles que detinham a força de produção, como, por exemplo, na evolução do trabalho escravo (direito de propriedade) para o feudal (direito de posse). Em outros momentos, ocorreu por uma imposição dos próprios detentores dos bens de produção, constatando que a situação não mais lhes era favorável. É o caso das artimanhas e das engenharias jurídicas no sentido de se contratar sem necessariamente haver uma subordinação jurídica de fato, mantendo-se, no entanto, certa dependência (ou subordinação genérica) que permite a não caracterização do emprego, uma relativa organização e também maior benefício da força de trabalho comprada.

Por isso, diz-se que a subordinação genérica (dependência) trabalha num vácuo jurídico, sem regulação específica alguma. Esta sempre existiu e teve força suficiente para manter a subordinação necessária à manutenção da vigorosa diferença de forças entre capital e trabalho, que impõe, em muitos casos, uma alteração do valor das prestações avençadas, em patente desrespeito à comutatividade contratual inerente a qualquer relação de trabalho. Dessa forma, o capital, cada vez mais, utiliza-se de artimanhas jurídicas para desviar a subordinação de um eixo para o outro, aniquilando boa parte do peso da subordinação jurídica e, ao mesmo tempo, aumentando a dependência por outros meios (via de regra, o econômico). Assim, impõe-se a manutenção da mesma diferença de forças e, logicamente, a imposição da vontade de um sobre o outro, sem necessariamente seguir as regras de proteção impostas pelo Direito.

Nesse sentido, sabemos que o Direito do Trabalho nasceu, justamente, para combater essa diferença de poderes que o capital tem em face do trabalho (não necessariamente forjada pela subordinação jurídica). E, pela História, pode-se verificar que os detentores dos bens de produção, conforme determinadas épocas, trabalham no sentido de fugirem do regramento e da manutenção do valor justo e equitativo das prestações avençadas, quais sejam, de um lado a força de trabalho vendida; de outro, a contraprestação paga. Tudo para aumentar a mais-valia e, por consequência, o lucro esperado.

Não se pode dizer que é certo ou errado, juridicamente, essa busca pela maior lucratividade da atividade desenvolvida, pois essa é a essência do próprio capitalismo no qual todos estamos inseridos. No entanto, para se evitar que a diferença de poderes entre capital e trabalho resulte numa exploração efetiva, deve-se respeitar o princípio da dignidade humana. E isso somente se faz mediante o cumprimento da comutatividade inerente ao contrato de trabalho; para tanto, este precisa de limites e de regras, as quais não existem no trabalho subordinado e não incluído no rol dos empregos.

O respeito pela dignidade da pessoa humana, especialmente do trabalhador, por intermédio da comutatividade das prestações nas relações derivadas do trabalho, é princípio fundamental para domar a subordinação inerente à relação de trabalho, seja esta de emprego ou não, impondo limites claros para que haja a convivência justa desses dois opostos. Eis o dirigismo que se pretende, não em excesso; mas, sim, em tamanho suficiente para proteger o trabalhador, seja ele empregado ou não.

5.2. *O princípio da dignidade humana nas relações de trabalho*

Assim é que se pode concluir que um dos primeiros e fundamentais fatores para se ajustarem as regras da relação de trabalho, relativizando a diferença de poderes que deriva da subordinação no contrato entre trabalho e capital (não só a subordinação jurídica, como também a genérica, a dependência), é o respeito pelo princípio da dignidade humana, especialmente no que diz respeito às regras de Segunda Dimensão (direitos sociais).

E, em se tratando de contrato no Direito do Trabalho, questão importante que vem à mente é a limitação à liberdade de contratar (dirigismo). Essa fusão entre liberdade e subordinação (oriunda da necessidade de trabalhar) gerou, desde o início, os conflitos na seara trabalhista, que atacam o trabalhador, representante do lado mais fraco da relação. Como bem ensina *Orlando Gomes*, "... a liberdade de contratar propriamente dita jamais foi ilimitada"[171]. Se, no Direito comum, a liberdade sempre foi limitada, o que se dirá no atual Direito Laboral, em que a vontade do empregado, na maioria das vezes, é suprimida pelo dirigismo contratual! Essa é a máxima do dirigismo, comumente criticado pelo capital na relação de trabalho, que visa, cada vez mais, aos lucros. E isso é natural, já que essa é a renda daquele que se beneficia da força de trabalho e detém o capital e os meios de produção.

Orlando Gomes, em oportuna explicação sobre os contratos, ainda completa:

(...) mas, tanto se abusou dessa liberdade, sobretudo em algumas espécies contratuais, que a reação cobrou forças, inspirando medidas legislativas tendentes a limitá-las energicamente. O pensamento jurídico modificou-se radicalmente, convencendo-se os juristas, como se disse lapidarmente, que entre o forte e o fraco é a liberdade que escraviza e a lei que liberta[172].

---

(171) GOMES, Orlando. *Contratos*. Rio de Janeiro: Forense, 1966. p. 27.
(172) Id.

Mas, afinal, qual a relação da liberdade de contratar com a relatividade da segunda dimensão da dignidade da pessoa humana? A resposta é simples: praticamente todas as relações que ofendem a dignidade da pessoa na seara do Direito do Trabalho originam de um contrato (negócio jurídico comutativo) ou, no fundo, de uma relação contratual qualquer. E o mais difícil é exatamente examinar, em alguns casos corriqueiros, comuns, se há ou não um ataque à dignidade, ou seja, se esse contrato atinge determinados valores inerentes à nossa personalidade.

E a dificuldade reside, justamente, na relatividade do instituto, que consegue alterar a dignidade conforme a pessoa ou situação, e por geralmente esta vir encoberta pela própria letra fria da lei. Um ato jurídico, portanto, lícito à primeira vista.

Ora, em trabalhos análogos à condição escrava, torna-se muito fácil concluir que há um ferimento no princípio da dignidade. Quando se obriga um funcionário ao trabalho em condições vexatórias, precárias em questão de saúde e assim por diante, afirmar que a sua dignidade vem sendo atacada não é problema de difícil solução.

Da mesma forma, quando o aspecto é transindividual, ou seja, quando o abuso alcança toda uma comunidade laboral ou até a própria sociedade, de forma incondicional e descaracterizada pessoalmente em face de certo indivíduo, como no caso de jornadas absurdas de trabalho ou ambientes coletivamente insalubres ou perigosos, afirmar que a dignidade da pessoa humana não vem sendo respeitada é fácil.

Nos dois casos, examina-se a situação em face do que se espera de um "homem médio", ou seja, do que seria normal para o caso. Não é normal que se trate um homem como se escravo fosse. E muito menos que se determine a uma coletividade inteira de trabalhadores uma jornada absurda, que leve à completa fadiga do corpo e da alma. E a lei mesmo, o próprio ordenamento, na maioria das vezes, proíbe tais abusos de forma clara e consistente.

O problema aparece quando a situação diz respeito às questões sociais normais, como no caso dos contratos rotineiros de trabalho, que sutilmente ofendem a dignidade da pessoa humana, de forma expressa, mas também oculta, por tipos legais e contratuais *a priori* lícitos. São casos em que o contrato inicia de forma desproporcional, exigindo demais de uma das partes, para que a outra lucre mais do que o esperado com a prestação, se correspondente esta fosse. E a situação piora quando a engenharia jurídica produz resultados capazes de implementar contratos não protegidos objetivamente pelo Direito do Trabalho, tal como nos casos em que a subordinação jurídica inexiste; portanto, não há de se falar em relação de emprego.

Verificar uma diminuição no decorrer do contrato, quando este já iniciou de uma forma e esta é alterada significativamente para outra, a favor de apenas uma das partes — geralmente a que detém o maior poder econômico —, torna-se fácil. Recai na impossibilidade da liberdade de contratar e na vedação da renúncia por parte do trabalhador, figura já conhecida no Direito Trabalhista. Mas, quando o desrespeito à dignidade nasce concomitantemente ao próprio contrato, a situação torna-se bem complicada.

E é justamente por isso que a liberdade de contratar está intimamente ligada à própria dignidade do indivíduo. Provavelmente, onde acaba uma, começa a outra. A separação do que ofende ou não a dignidade é uma linha tênue, de complexa percepção. A proteção da dignidade, quando se falam em direitos de Segunda Dimensão, é apenas teórica, de difícil aplicação prática. Por exemplo, seria digno o contrato de um indivíduo que trabalha horas e horas por dia e, ao final, ganha, somente por resultado valores completamente irrisórios? Pois é o que ocorre em muitos casos derivados de relativa subordinação jurídica, não mais de emprego (mas efetiva dependência de fato), em que não há legislação protetiva.

Verificando-se friamente todos os elementos da relação, pode-se afirmar que tudo, *a priori*, é completamente lícito. Afinal, um trabalhador que não tem subordinação jurídica não possui direito também ao vínculo de emprego; portanto, à típica proteção trabalhista legal. Assim, mesmo se seguindo à risca a legislação, a situação não deve ser protegida pelo manto do Direito do Trabalho.

No entanto, pelo princípio da dignidade a situação não está correta. Afinal, o trabalho, nesse caso, da forma como foi desenvolvido, proporcionou uma quantidade enorme de lucro para apenas uma das partes, com uma contraprestação desproporcional a outra. Não há comutatividade no contrato; mas, sim, pura lesão — um vício contratual.

Nas relações de emprego, já se torna difícil essa divagação jurídica. Imagine-se, então, nas demais relações de trabalho não juridicamente subordinado, mas cujo lastro fático fundamenta-se numa diferença de poderes inerente à necessidade, geralmente econômica, daquele que representa o trabalho. É o que ocorre, por exemplo, em milhares de empresas unipessoais ou com trabalhadores independentes (tipicamente autônomos) que existem no Brasil e que prestam serviços de forma autônoma para outra empresa (aqui tida como a representante do capital). Claramente estamos diante de uma relação de trabalho cuja característica é a subordinação, não mais jurídica, mas simplesmente genérica.

Portanto, é justamente no valor das contraprestações que o princípio da dignidade pode ser atingido. Estamos falando não de uma proteção aos direitos fundamentais, como a vida ou a saúde (Primeira Dimensão), nem tratando de algo coletivo ou difuso (Terceira Dimensão). Abordamos uma proteção específica, voltada ao social, que diz respeito justamente ao valor da igualdade, na prestação contratual no Direito do Trabalho. Aquilo que um obreiro recebe ao final do dia de serviço, se comparado com seu esforço contrário, é justo? Essa é a questão a ser formulada.

E como saber o que é justo ou não? Ou melhor, como saber se aquele contrato fere o princípio da dignidade humana? Ou como saber se o contrato tem pesos semelhantes em suas prestações? A resposta está justamente numa das características contratuais do Direito Laboral: a comutatividade, devidamente protegida pelo Diploma Civil[173], que traz a lesão como vício do contrato.

Esse, portanto, é o caminho a ser seguido para a aplicação prática do princípio da dignidade humana de Segunda Dimensão e da consequente proteção do trabalhador. Quando a lei, interpretada de forma fria, não traz um manto protetor aos valores mínimos fundamentais do trabalhador, devemos nos ater ao princípio da comutatividade que, certamente, levará ao caminho do respeito, aos patamares mínimos sociais e ao trabalho digno.

5.3. O princípio da comutatividade nas relações de trabalho

Se para se alcançar a dignidade do trabalhador e sua proteção é necessário o respeito ao princípio da comutatividade, esta também deve ser estudada mais de perto. Como já dito, o contrato no Direito do Trabalho é comutativo, ou seja, "... a relação de vantagem e sacrifício é subjetivamente equivalente, havendo certeza quanto às prestações.[174]" Portanto, num primeiro momento, sabe-se que, no que tange à segunda dimensão dos direitos — os sociais — a comutatividade prevalece e a igualdade das prestações, portanto, deve ser respeitada. E justamente na desigualdade, o que se denomina de lesão no Direito Civil, é que reside a fórmula para se verificar o efetivo desrespeito ou não ao princípio da dignidade da pessoa humana.

Verifica-se, assim, que se faz necessário saber o que é *lesão* e quando esta pode ser caracterizada. Segundo *Caio Mario*, "... pode-se genericamente definir lesão o prejuízo que uma pessoa sofre na conclusão de um ato negocial, resultante da desproporção existente entre as prestações das duas partes"[175]. E continua depois, dizendo o seguinte, acerca da caracterização do instituto:

(...) na sua caracterização devem ser apurados dois requisitos: um objetivo e outro subjetivo. O primeiro, objetivo, situa-se na desproporção evidente e anormal das prestações, quando uma das partes aufere ou tem

---

(173) Código Civil (Seção V) — Da Lesão (art. 157).
(174) GOMES, Orlando, *op. cit.*, p. 74.
(175) PEREIRA, Caio Mário da Silva, *op. cit.*, p. 544-545.

possibilidade de auferir do negócio um lucro desabusadamente maior do que a prestação que pagou ou prometeu, aferida ao tempo mesmo do contrato. (...). O segundo requisito, subjetivo, é o que a doutrina denomina de dolo de aproveitamento, e se configura na circunstância de uma das partes aproveitar-se das condições em que se encontre a outra, acentuadamente a sua inexperiência, a sua leviandade ou o estado de premente necessidade em que se acha, no momento de contratar. A necessidade, como a inexperiência apuram-se no momento e em face da natureza do negócio jurídico realizado, independentemente de não se verificarem em outras circunstâncias e para os negócios em geral. A aferição do dolo de aproveitamento, oriunda da necessidade contratual (e não da necessidade no sentido de miséria, penúria, insuficiência de meios de subsistência ou manutenção), ou da inexperiência, bem como da desproporção das prestações, hão de ser contemporâneas da celebração do ato[176].

Portanto, no contrato de trabalho (inclusive na espécie do vínculo empregatício — subordinação jurídica clássica), também cabe a aplicação do instituto da lesão. Urge corrigir as desigualdades de contratos formalmente lícitos, mas cujas prestações não condizem com a característica de comutatividade do ato negocial, principalmente considerando-se as características objetivas e subjetivas. As primeiras, pela desproporção matemática entre as prestações e a segunda, pelas condições subjetivas das partes. Por isso, a dignidade de Segunda Dimensão, pode-se dizer, é relativa.

Somente para esclarecer, cita-se que a forma de se verificar objetivamente as desigualdades de peso das prestações no Direito do Trabalho é um pouco mais complexa, se comparada ao Direito Civil, mas segue a mesma linha. Assim como nos contratos comuns, observa-se o comportamento de outros contratos; neste, são considerados o tempo e o local, para saber se há ou não uma relação justa entre os acordantes, naquele (no Direito do Trabalho) também se deve verificar junto ao mercado o "valor" do justo.

Há, portanto, plena aplicabilidade do instituto na seara trabalhista, como dito antes. Tudo dependerá, logicamente, de uma interpretação judicial razoável, amparada, inclusive, pelo pós-positivismo empregado pelo Diploma Civil atual[177] que produz, na prática, uma norma "civil" em branco, a ser flexibilizada e moldada pelo julgador diante do caso concreto. Ou seja, como disse o Deputado *Fiúza*, em sua apresentação ao Novo Código Civil, este:

(...) deve apresentar os seus comandos de forma suficientemente aberta, de maneira a permitir a função criadora do intérprete. Tem que sair do

---

(176) *Id.*
(177) Código Civil — Lei 10.406, de 10 de janeiro de 2002.

positivismo exagerado, que engessa o direito e atrasa as transformações, para alcançar o que eu chamo de pós-positivista do direito (...)[178].

Assim, será o julgador a peça principal na aplicação do instituto da lesão no contrato de trabalho, visando restabelecer o valor justo da contraprestação do trabalhador em face das relações que ferem a dignidade humana, que permitem altos lucros às empresas, e irrisórias remunerações aos empregados. Cabe destacar que a remuneração é entendida, neste trabalho, de forma ampla, não somente o salário mensal pago; afinal, o contrato de trabalho é muito mais que uma simples locação da força produtiva do indivíduo *versus* pagamento da pecúnia combinada.

5.4. A proteção jurídica do trabalhador

No entanto, é certo que tanto os antigos empregados, como os novos sujeitos dos atuais contratos de trabalho estão inseridos em relações jurídicas forjadas por partes com diferentes forças, estas impostas pela subordinação inerente à soma dos elementos *capital* e *trabalho*. Isso ocorre tanto pela típica subordinação jurídica dos empregados, como por qualquer outro tipo de subordinação (especialmente a derivada da dependência econômica).

Sendo assim, apenas aqueles reconhecidamente protegidos pela legislação possuem meios de ver garantidos os seus direitos, até por possuírem uma liberdade não tão livre. Aos demais sujeitos, não há de se falar em proteção efetiva, uma vez que a liberdade é mais livre; portanto, a sujeição à imposição do capital não pode ser facilmente combatida. Esse é o problema.

Então, é necessário pensarmos em alguma forma de solucionar esse problema grave, que leva trabalhadores efetivamente subordinados (e não empresários ou trabalhadores autônomos independentes) a aceitarem imposições distorcidas do capital, sem qualquer proteção predefinida pela legislação trabalhista, mas tão apenas normas genéricas. Como bem salientou *Amauri Mascaro*, é nesse nicho de trabalho que, de alguns anos para cá, os maiores abusos começaram a acontecer, razão pela qual a Espanha, em 2007, aprovou o Estatuto do Trabalho Autônomo (Lei n. 20/2007, de 11 de julho).

A partir de 1990 o fenômeno do trabalho autônomo despertou maior interesse nos juristas do direito do trabalho europeu. A razão de ser dessa atenção para a mesma voltada situa-se na precarização desse trabalho que passou a ser em diversos casos praticado em piores condições que as dos empregos e passou a ser utilizado como uma válvula de escape para sair fora das exigências legais e do custo do trabalho subordinado[179].

---

(178) FIÚZA, Ricardo. "Apresentação — Um Código Civil para o III milênio, In: *Novo Código Civil confrontado com o Código Civil de 1916*. São Paulo: Método, 2002. p. 37.
(179) NASCIMENTO, Amauri Mascaro. *O autônomo dependente econômico na nova Lei da Espanha*. Revista LTr Legislação do Trabalho. v. 72, n. 9, set. 2008.

Percebe-se que a legislação europeia acima citada tem como base de sustentação os mesmos fundamentos já mencionados neste trabalho, que levam à fuga do sistema tradicional de trabalho subordinado. E a referida legislação espanhola, segundo o mesmo autor destacado em parágrafo anterior, separa a classe dos trabalhadores autônomos em dois tipos: os *autônomos clássicos* e os *autônomos economicamente dependentes*. Estes últimos são representados pelos trabalhadores que realizam "de forma habitual, pessoal, direta, por conta própria e fora do âmbito de direção e organização de outra pessoa, uma atividade econômica ou profissional a título lucrativo". E ainda estabelece a lei como critério para a caracterização da dependência econômica um "ganho concentrado em um comitente para o qual exerce a maior parte da sua atividade"[180].

Verificando as situações já expostas neste trabalho, podemos perceber que a lei espanhola exclui exatamente os trabalhadores que possuem vínculo de emprego, ou melhor, a subordinação típica (jurídica), pois a regulação alcança tão somente aqueles que não têm qualquer controlador, organizador ou diretor para suas atividades, ou seja, exatamente os que ainda não possuíam norma trabalhista protetiva.

E mais, ao final, como característica, deixa claro que deve ocorrer a subordinação, aqui representada pela genérica, ou, no caso, a dependência econômica (ganho concentrado em um único comitente, para o qual exerce a maior parte de sua atividade). Isso, por lógica, força uma diferença de poderes quando da negociação, resultando em exploração do capital em face do trabalho.

Portanto, o trabalhador subordinado, mas licitamente fora do âmbito de aplicação da típica legislação trabalhista, começa a ser protegido no mundo, até porque é exatamente esse o objetivo do Direito do Trabalho: combater a diferença de forças provocada pela subordinação que o capital impõe ao trabalho, seja pelo direito, seja pela ordem natural de necessidade que uma parte tem em relação a outra.

Perguntar-se-ia, portanto: e o caminho a ser adotado no Brasil, afinal? Devemos criar uma norma específica, na área trabalhista, por lei federal[181]? Talvez a resposta seja negativa, face às críticas já formuladas anteriormente. Uma norma produzida pelas casas legislativas provavelmente teria o condão de abarcar os mais variados tipos de situação, de forma igual, sem distinção das peculiaridades de cada categoria.

Então, como proteger o trabalho genericamente subordinado? Via autonomia coletiva privada? Talvez não também, pois ainda não temos sindicatos maduros o suficiente para negociações dessa natureza, e nem trabalhadores

---

(180) *Id.*
(181) Constituição Federal de 1988, art. 22, I.

que entendam ou aceitem o sistema sindical como um aliado, e não mais um braço do governo, um ônus financeiro periódico, ou com traços de entidade beneficente.

O caminho precisa ser trilhado levando-se em consideração a soma das duas tradicionais fontes do Direito do Trabalho: lei e norma coletiva. Provavelmente uma legislação primária, básica e geral, que trace um norte de proteção aos trabalhadores excluídos formalmente do sistema celetista, mas que sejam dependentes, ou melhor, subordinados de alguma forma. Somada a esta, as negociações coletivas, que abarquem detalhadamente as questões inerentes a cada categoria e tipo contratual.

No entanto, enquanto não vem à tona qualquer legislação, por força da Emenda 45 da Constituição Federal, que aumentou a competência da Justiça do Trabalho, somando-se à questão o poder normativo da Justiça do Trabalho, não há outra conclusão a ser alcançada senão o fato de já existir, na omissão da lei e na permissão da Constituição Federal, competência suficiente para a produção de normas autônomas, via negociação coletiva, que regulem tais trabalhadores.

Às entidades sindicais que tiverem força suficiente para aguentarem uma briga negocial nesse sentido, caberá a produção de normas suplementares em suas convenções coletivas. E tais regras devem abarcar, de um lado, os típicos empregados, e de outro, os autônomos economicamente dependentes, devendo, no entanto, traçar características objetivas para fixação da incidência respectiva, tal como o fez a legislação espanhola. Já é um início para alcançarmos maior respeito e proteção ao trabalhador, via trabalho digno, seja este inserido numa relação de emprego ou não.

CONSIDERAÇÕES FINAIS

O estudo do Direito do Trabalho alcança uma especificidade significativa, a ponto de necessitar de institutos próprios e critérios teóricos para delimitação do seu âmbito de aplicação. As relações de trabalho e, por consequência o próprio Direito do Trabalho, alcançaram tamanha complexidade que, conforme o período, demandam um aprofundado estudo para saber se há ou não sua incidência nos casos concretos.

É nesse sentido que se traz o presente estudo, voltado especificamente à subordinação nas relações de trabalho, que tem como papel primário distinguir exatamente quais fatos podem ou não ser regulados por normas trabalhistas. A subordinação marca as fronteiras entre os demais ramos do Direito e possibilita, inclusive, a exploração de relações antes não reguladas pelo Direito do Trabalho.

Após um aprofundado estudo sobre o referido instituto, pode-se concluir que toda relação subordinada, cujo objeto seja o trabalho, pode ser regulada por lei específica do ramo trabalhista, se esta efetivamente existir. Tal elemento, aliás, tem sido determinante à aplicação do Direito do Trabalho, especialmente na doutrina, na legislação e na jurisprudência latino-americanas. O que justifica tal regra é justamente o fundamento de existência ou o pressuposto do Direito do Trabalho. E, como bem retratou *Américo Plá Rodriguez*[182], cristaliza-se exatamente na necessidade de conferir certa proteção a favor de um dos sujeitos da relação de trabalho, presumidamente mais fraco, para se alcançar uma igualdade substancial e verdadeira entre as partes. Essa diferença de forças nasce, justamente, na existência de um estado de dependência ou de subordinação em que permanece a classe trabalhadora no sistema capitalista.

Não se pretende, com isso, aumentar o rol de protegidos por meio das legislações já existentes, ampliando ou diminuindo o conceito de empregado ou da relação de emprego. E muito menos trazer para o manto do Direito do Trabalho aquele que seja efetivamente independente e autônomo, que não esteja subordinado, de alguma forma, a outra parte qualquer. Apenas se pleiteiam que as relações de trabalho em que haja uma relativa organização, direção ou de-

---

(182) RODRIGUEZ, Américo Plá. *Princípios de Direito do Trabalho*. Tradução de Wagner D. Giglio. São Paulo: LTr/USP; 1978. p. 28.

pendência perante alguém que não seja o executante da atividade laboral (não necessariamente na relação de emprego) também sejam protegidas de alguma forma pelo Direito.

Esse é o sentido do próprio conceito de trabalho, tal com proposto por *Max Weber*[183], ao dizer que, em sentido estrito, nada mais é que o exercício pacífico de um poder de disposição que, em princípio, está economicamente orientado, ou seja, é organizado por alguém que não seja o trabalhador. A força de trabalho vendida ao respectivo beneficiário, portanto, é orientada, ou, de forma mais adequada ao Direito do Trabalho, subordinada direta ou indiretamente às regras e às ordens emanadas por quem detém os meios de produção. A única diferença é que, em certos casos, há o que se chama de subordinação jurídica (espécie da subordinação genérica), que representa a essência do vínculo de emprego, caracterizada em um ato volitivo do ser humano. Em outros, tão apenas a subordinação (genérica) ou dependência.

E o Direito do Trabalho, como se sabe, tem a finalidade de equalizar essa diferença monumental de forças existente na relação de trabalho, seja na afetada pela subordinação específica do vínculo de emprego, seja naquela em que há efetiva dependência ou simplesmente subordinação, sem necessariamente se reconhecer a relação típica de trabalho.

Diante disso é que se fez um regresso histórico do referido instituto, traçando uma linha desde o surgimento do trabalho até os dias atuais. Demonstra-se pelo tempo que a subordinação é uma característica predominante na relação entre o capital e o trabalho, seja na de emprego ou não. Aliás, pode-se afirmar que a subordinação esteve presente desde que o trabalho organizado surgiu no mundo, sendo o Homem predisposto a ser subordinado, por natureza. Com a passagem do homem natural ao civil, verificamos o trabalho em coletividade e, por consequência, a subordinação para alinhamento das atividades que a todos beneficiavam.

O mesmo ocorreu com a predominância do trabalho escravo, acentuado pela conquista e expansão territorial promovidas pelos romanos, com a implementação do Estado imperial escravista. Essa talvez tenha sido uma das primeiras espécies de subordinação jurídica, criada pelas mãos do Homem, derivada do direito de propriedade daquele a quem servia. Com a evolução e o início de uma relativa crise do trabalho escravo, passou-se ao feudalismo. Novos paradigmas de subordinação jurídica começaram a despontar, tendo como figura preponderante o trabalhador "quase" livre, o camponês, cujo liame com o beneficiário da força de trabalho estabelecia-se analogicamente como uma relação de posse, com o exercício, pleno ou não, de apenas algum dos poderes inerentes à propriedade.

---

(183) WEBER, Max, *op. cit.*, p. 9.

No entanto, foi no chamado "renascimento urbano", ocorrido na Europa do século XII, é que se oportunizou a preponderância de outros sujeitos trabalhistas, não mais ligados somente ao meio rural. Era o início das corporações de ofício e da subsequente industrialização nos centros urbanos, por força de um movimento migratório dos camponeses. Iniciava-se um novo padrão produtivo do capital com o trabalho, com as características que até hoje conhecemos do Direito do Trabalho. A evolução da economia artesanal para a de escala, como identificada no sistema capitalista, trouxe grandes vantagens ao mercado (principalmente o aumento de produção e a diminuição do preço), e também criou a figura do empregado juridicamente subordinado, hoje devidamente regulado pelo Direito do Trabalho. Nascia, então, esse ramo do Direito, na versão conhecida atualmente.

O Direito do Trabalho foi forjado, portanto, diante de dois pressupostos básicos: a *liberdade* (respeito à autonomia de vontade individual) e a *subordinação* (efetiva dependência ou regramento). O *liberalismo econômico* pregado na Revolução Industrial inglesa provocou um abuso no uso da força por parte do capital, que passou a explorar o trabalho, em situações degradantes e indignas. Foi assim que o terreno tornou-se fértil à criação do dito Direito do Trabalho, lastreado justamente na efetiva intervenção estatal e na proteção, a fim de se manter o equilíbrio nas relações sociais. Foi a partir daí que as conquistas por direitos trabalhistas começaram a prosperar, surgindo as primeiras leis de proteção relacionadas ao trabalho subordinado.

A ascensão dos direitos que protegiam os empregados ocorreu de forma linear, trazendo outros momentos de suma importância para a concretização da ideia de dignidade no Direito do Trabalho, tal como a fase de Constitucionalização e a de Internacionalização do deste ramo jurídico. No entanto, depois do apogeu do Direito Laboral (início do século XX), conquistado por anos e anos de luta e de negociação entre empregados, empregadores e o próprio Estado, na década de 70, o Direito do Trabalho começou a entrar em crise.

Com o problema do petróleo, verificou-se a fragilidade econômica, principalmente dos Estados Unidos, que até então ditavam as regras e dinamizavam a economia mundial, inclusive com auxílio financeiro a vários países. Da mesma forma, com o fim da Guerra Fria, o motivo para o investimento em proteção social deixou de existir. Não havia mais que se falar em estabilidade econômica e em crescimento contínuo do mercado. O desemprego aumentou e, consequentemente, as hierarquias de trabalho e administrativas começaram a encolher. As empresas, a partir de então, passaram a tentar se adaptar às novas regras de mercado, que necessariamente previam a adequação das relações de trabalho à volatilidade, fugindo, aos poucos, da típica relação subordinada de emprego, que externava características de alto custo e inflexibilidade.

A explicação desse percalço histórico do Direito do Trabalho envolveu basicamente três fatores: a instabilidade econômica devido à alteração da política intervencionista então existente; a impositiva concorrência do mundo globalizado e a queda dos preços reais das *commodities* em um longo período de mais de 30 anos. Juntos, esses fatores causaram uma reação capitalista, que provocou uma crise no atual sistema protetivo do direito laboral, centrado no vínculo de emprego. O senso do IBGE[184] comprova a situação: a taxa de desocupação no Brasil (proporção de pessoas desocupadas no total de pessoas economicamente ativas) atinge o valor de 8,2% — praticamente a mesma de 2006 (8,4%), por demais elevada. Não bastasse, dos cerca de 90 milhões de pessoas economicamente ativas e ocupadas, apenas o montante de 32 milhões, ou seja, a parcela correspondente a 35,3% da população ocupada, possui carteira de trabalho assinada, ou seja, pouco mais de um terço de nossos trabalhadores possui vínculo de emprego.

Ora, se o vínculo de emprego é a principal relação protegida pela legislação, e a mais importante, já que é regra no Direito do Trabalho, não poderia ser minoria no atual cenário, conforme os dados estatísticas levantados apontam. Some-se a isso a questão da informalidade: apenas 46,1 milhões de trabalhadores no Brasil, em 2007, contribuíram para a previdência oficial, ou seja, 50,7% da População Ocupada. O número de pessoas na informalidade é surpreendente. Isso porque a relação de emprego, além de estar em baixa, caiu em descrédito, de forma a afugentar até as efetivas representações sindicais.

A conclusão que se alcança, diante desse quadro, é que o velho mundo do trabalho subordinado está sendo substituído por um novo mercado, com outras formas e tipos de relações de trabalho. As típicas relações empregatícias, com raízes na subordinação jurídica, têm, aos poucos, ficado em segundo plano, em detrimento de outros tipos de relações jurídicas, nas quais a subordinação continua existindo, mas é atenuada e mascarada por características modernas das relações de mercado, impostas pela globalização e permitidas pela desenvolvida tecnologia de hoje, e possivelmente pelo Direito de amanhã, ou até o próprio Direito atual.

Para se atenuar essa fase de transição e adequar o Direito do Trabalho à realidade do mundo e da economia, é necessária uma profunda discussão acerca das suas causas. E, como já dito, é difícil se falar em causas de um determinado fenômeno quando estudamos as relações humanas que, ao contrário de uma equação matemática, não têm resposta exata. No entanto, de antemão, dois fatores saltam aos olhos: o custo do emprego e a excessiva interferência estatal nas relações privadas. Ambos, somados, transformam-se numa devastadora arma

---

(184) Pesquisa Nacional por Amostra de Domicílios: síntese de indicadores 2007/IBGE. Rio de Janeiro: IBGE, 2008.

contra a relação de emprego, fazendo nascer novos atores globais no Direito do Trabalho, utilizados e assim caracterizados para fugirem, cada vez mais, da antiga relação empregatícia. São esses novos sujeitos, também subordinados de alguma forma, que precisam ser imediatamente regulados e protegidos — seja pelo Estado, seja pelas próprias partes envolvidas na relação.

É por isso que a subordinação e, portanto, a própria relação de trabalho (subordinada de forma genérica ou até jurídica) devem ser reguladas em qualquer caso, seja por sistemas heterônomos, seja por autônomos. Isso porque é a própria subordinação o fator de desigualdade entre capital e trabalho. A dificuldade, no entanto, reside no fato de se distinguir o que é subordinação jurídica suficiente à caracterização do vínculo empregatício e, portanto, permitir a incidência da CLT e de outras normas pertinentes ou, de outro lado, o que é apenas uma subordinação genérica que impõe uma clara diferença de forças entre as partes e, por isso, passível de regulação, por outras normas que não aquelas relativas ao contrato de emprego.

Afinal, a subordinação jurídica, criada pelas mãos do próprio Homem, foi por este também alterada e suavizada por meio de artimanhas e de engenharias jurídicas, no sentido de se contratar o trabalho sem necessariamente haver uma subordinação jurídica de fato, mantendo-se, no entanto, certa dependência (ou subordinação genérica), que permite tanto a não-caracterização do emprego, como também uma relativa organização e maior benefício da força de trabalho comprada. É essa relação de subordinação genericamente (dependente) que não tem qualquer regulação específica. É ela que, por ser subordinada, está passível de ter sua característica essencial de comutatividade violada, em claro desrespeito ao mínimo social esperado e, até, ao princípio da dignidade humana.

E a comutatividade anteriormente citada atinge justamente o valor das contraprestações devidas ao trabalhador na relação de trabalho. Aquilo que o obreiro recebe ao final do dia de serviço (seja financeiramente, seja em encargos diversos, como saúde, descanso, etc.), se comparado com seu esforço contrário, é justo? Essa é a questão a ser formulada e que deve ser respondida. E a resposta para tal pergunta está no instituto da lesão, que o Código Civil classifica como um típico vício contratual. É diante desse instituto que se visa restabelecer o valor justo da contraprestação do trabalhador em face das relações que, tornadas abusivas pelo poder de uma das partes, ferem os patamares mínimos sociais e a própria dignidade humana.

Assim, verificando-se as situações relatadas, percebe-se que o Direito do Trabalho não confere efetiva e específica proteção ao trabalhador subordinado (sem vínculo de emprego). E o caminho a ser adotado no Brasil, possivelmente, seria a utilização das duas tradicionais fontes do Direito do Trabalho: lei e norma coletiva. Provavelmente uma legislação primária, básica e geral, que trace um norte de proteção aos trabalhadores excluídos formalmente do sistema celetista, mas que sejam dependentes, ou melhor, subordinados de alguma forma. Somada a esta, as negociações coletivas, que abarquem detalhadamente as questões inerentes a cada categoria e tipo contratual.

As entidades sindicais que tiverem força suficiente para a pesada negociação nessa seara, independentemente de qualquer legislação, poderão desde já acertar normas coletivas que abarquem, de um lado, os típicos empregados, e de outro, os autônomos economicamente dependentes ou meramente subordinados. Devem, no entanto, traçar características objetivas à fixação da incidência respectiva. Esse talvez seja um meio rápido e fácil para alcançarmos maior respeito e proteção ao trabalhador, em consonância ao princípio da dignidade.

REFERÊNCIAS BIBLIOGRÁFICAS

AMABIS, José Mariano; MARTHO, Gilberto Rodrigues. *Biologia das populações*. São Paulo: Moderna, 2004.

ANAMATRA. Revista da Associação Nacional dos Magistrados da Justiça do Trabalho. Brasília, Ano XVII, n. 55, 2º semestre de 2008.

_____. Revista da Associação Nacional dos Magistrados da Justiça do Trabalho. Brasília, Ano XVIII, n. 52, 1º semestre de 2007.

BÍBLIA. Gênesis. Português. Bíblia Sagrada. 2. ed. Tradução de João Ferreira de Almeida. Santo André: Geográfica, 1978.

BRASIL, Código Civil de 2002 (Lei 10.406/02).

BRASIL. Constituição da República Federativa do Brasil: promulgada em 5 de outubro de 1988. Disponível em: <http://www.planalto.gov.br>. Acesso em: 27 set. 2007.

BRASIL. Constituição da República Federativa do Brasil: 1824. Disponível em: <http://www.planalto.gov.br/ccivil_03/Constituicao/Constituiçao24.htm>. Acesso em: 5 dez. 2008.

BRASIL. Decreto Lei n. 5.452, de 1º de maio de 1943 (CLT). Disponível em: <http://www.planalto.gov.br/ccivil/Decreto-Lei/Del5452.htm>. Acesso em: 10 fev. 2009.

BRASIL. Pesquisa Nacional por Amostra de Domicílios: síntese de indicadores 2007 / IBGE. Rio de Janeiro: IBGE, 2008.

CANO, Wilson. *Políticas econômicas e de ajuste na América Latina*, Economia & Trabalho: textos básicos, Campinas: UNICAMP, 1998.

CARDOSO, Jair Aparecido. *Contrato realidade no Direito do Trabalho*. Ribeirão Preto: Nacional de Direito, 2002.

CUNHA, Maria Inês Moura S. A. da. *Direito do Trabalho*. 4. ed. São Paulo: Saraiva, 2007.

DELGADO, Mauricio Godinho. *Capitalismo, trabalho e emprego*. São Paulo: LTr, 2006.

_____. *Curso de Direito do Trabalho*. São Paulo: LTr, 2003.

FERREIRA, Aurélio Buarque de Holanda. *Novo Dicionário Aurélio da Língua Portuguesa em CD-ROM (versão 5.11)*. Rio de Janeiro: Positivo, 2004.

FERREIRA FILHO, Manoel Gonçalves. *Curso de Direito Constitucional*. 17. ed. São Paulo: Saraiva, 1989.

FIÚZA, Ricardo. Apresentação — Um Código Civil para o III milênio. In: *Novo Código Civil confrontado com o Código Civil de 1916*, São Paulo: Método, 2002.

FRANÇA. DECLARAÇÃO DOS DIREITOS DO HOMEM E DO CIDADÃO DE 1789. Disponível em: <http://pfdc.pgr.mpf.gov.br/legislacao-pfdc/docs_declaracoes/declar_dir_homem_

cidadao.pdf>. Acesso em: 4 dez. 2008.

GALVAO, Olímpio J. de Arroxelas. *Globalização e mudanças na configuração espacial*: da economia mundial: uma visão panorâmica das últimas décadas. Rev. econ. contemp. Rio de Janeiro. v. 11, n. 1, 2007. Disponível em: <http://www.scielo.br>. Acesso em: 10 out. 2008.

GARCIA, Gustavo Filipe Barbosa. *Curso de Direito do Trabalho*. 2. ed. São Paulo: Método, 2008.

GARMENDIA, Martha Márquez; BURASTERO, Pilar Beñaran. *Trabajadores parasubordinados*. Cuarenta y Dos Estudios sobre La Descentralización Empresarial y el Derecho del Trabajo. Montevideo: Fundacion de Cultura Universitaria, 2000.

GOMES, Orlando; GOTTSCHALK, Elson. *Curso de Direito do Trabalho*. Atualizado por José Augusto Rodrigues Pinto e Otávio Augusto Reis de Sousa. Rio de Janeiro: Forense, 2006.

GOMES, Orlando. *Contratos*. Rio de Janeiro: Forense, 1966.

HELPMAN, Elhanan. As chaves do crescimento. *Veja*. Disponível em: <http://veja.abril.com.br/120105/entrevista.html>. Acesso em: 3 dez. 2008.

HUBERMAN, Leo. *História da riqueza do homem*. 21. ed. Rio de Janeiro: Guanabara, 1986.

LUCHIA, Corina. *Aportes teóricos sobre el rol de la propiedad comunal en la transición al capitalismo*. Mundo Agr. [online]. jul./dic. 2004. vol. 5, no.9. Disponível em: <http://www.scielo.org.ar/scielo.php?script=sci_arttext&pid=S1515-59942004000200007&lng=es&nrm=iso>. ISSN 1515-5994. Acesso em: 4 dez. 2008.

MACHADO, Costa. Seus Direitos fundamentais. *Veja*. out. 2008. Disponível em:<http://veja.abril.com.br/blog/direitos-leis/115587_comentario.shtml>. Acesso em: 11 fev. 2009.

MAIOR, Jorge Luiz Souto. *Relação de emprego & relação de trabalho*. São Paulo: LTr, 2007.

MARANGONI, Maurício José Mantelli; MISAILIDIS, Mirta Gladys Lerena Manzo. *As relações de trabalho na economia globalizada*. Campinas: Millennium, 2008.

MARTINS, Sérgio Pinto. *Direito do Trabalho*. 21. ed. São Paulo: Atlas, 2005.

MARTINS FILHO, Ives Gandra da Silva. *Manual de direito e processo do trabalho*. 18. ed. São Paulo: Saraiva, 2009.

MARX, Karl. *O capital*. Edição resumida por Julian Borchardt. Tradução de Ronaldo Alves Schmidt. Rio de Janeiro: LTC, 1980.

MORATO, João Marcos Castilho. *Globalismo e flexibilização trabalhista*. Belo Horizonte: Inédita, 2003.

NASCIMENTO, Amauri Mascaro. *Compêndio de Direito Sindical*. 5. ed. São Paulo: LTr, 2008.

_____. *Iniciação ao Direito do Trabalho*. São Paulo: LTr, 2000.

_____. O autônomo dependente econômico na nova Lei da Espanha. Revista LTr Legislação do trabalho, v. 72-09/1031, n. 9, set. 2008.

OLIVEIRA, Carlos Alonso Barbosa de. *Industrialização, desenvolvimento e trabalho no pós-guerra, Economia & Trabalho*: textos básicos. Campinas: UNICAMP, 1998.

OLIVEIRA, Carlos Roberto. *História do trabalho*. 5. ed. São Paulo: Ática, 2006.

POCHMANN, Marcio. *O emprego na globalização* — A nova divisão internacional do trabalho e os caminhos que o Brasil escolheu. São Paulo: Boitempo Editorial, 2001.

PASTORE, José. *O trabalho na China*. Disponível em: <http://www.josepastore.com.br/artigos/rt/rt_238.htm>. Acesso em: 3 out. 2008.

_____. *Trabalhar custa caro*. São Paulo: LTr, 2007.

PEREIRA, Caio Mario da Silva. *Instituições de Direito Civil*. 20. ed. Rio de Janeiro: Forense, 2004. v. 1.

PIRES, José Herculano. *Adão e Eva*. São Paulo: Paidéia, 1984.

_____. *Os filósofos*. 2. ed. São Paulo: Humberto de Campos, 2001.

RODRÍGUEZ, Américo Plá. *La descentralización empresarial y el Derecho del Trabajo*. Montevidéu, Fundacion de Cultura Universitaria, 2000.

_____. *Princípios de Direito do Trabalho*. Tradução de Wagner D. Giglio. São Paulo: LTr; Editora da Universidade de São Paulo, 1978.

SCHIAVI, Mauro. Consórcio de empregadores urbanos. Artigos Jurídicos da AMATRA-SP. Disponível em: <http://www.amatra2.org.br/noticia_ver.php?id=13>. Acesso em: 17 nov. 2008.

SMITH, Adam. *A riqueza das nações*. Tradução de Alexandre Amaral Rodrigues e Eunice Ostrensky. São Paulo: Martins Fontes, 2003. v. I.

URIARTE, Oscar Ermida; ALVAREZ, Oscar Hernández. Crítica de la subordinación. Derecho Laboral. *Revista de doctrina, jurisprudência e informaciones sociales*, Montevideo. Tomo XLV, n. 206, abr./jun. 2002.

WEBER, Max. *História geral da economia*. Tradução de Klaus Von Puschen. São Paulo: Centauro, 2006.

ZIMMERMANN NETO, Carlos F. *Direito do Trabalho*. São Paulo: Saraiva, 2005. Col. (Curso & Concurso Mougenot Bonfim).